디지털 전환과 공공서비스
Digital Transformation and Public Services

아버지, 어머니께

도서출판 윤성사 279

디지털 전환과 공공서비스
Digital Transformation and Public Services

제1판 제1쇄   2025년 6월 30일

지은이   김영미
펴낸이   정재훈
꾸민이   안미숙

펴낸곳   도서출판 윤성사
주　소   우04317 서울특별시 용산구 효창원로 64길 10 백오빌딩 지하 1층
전　화   대표번호_02)313-3814 / 영업부_02)313-3813 / 팩스_02)313-3812
전자우편   yspublish@daum.net
등　록   2017. 1. 23

ISBN 979-11-93058-84-8 (03350)

값 12,000원

ⓒ 김영미, 2025

저자와의 협의에 따라 인지를 생략합니다.

이 책의 전부 또는 일부 내용을 재사용하려면 반드시 사전에 저작권자와 도서출판 윤성사의 동의를 받아야 합니다.

잘못 만들어진 책은 구입하신 서점에서 교환 가능합니다.

• 이 도서는 상명대학교 2023년도 교내연구지원에 의해 수행되었음

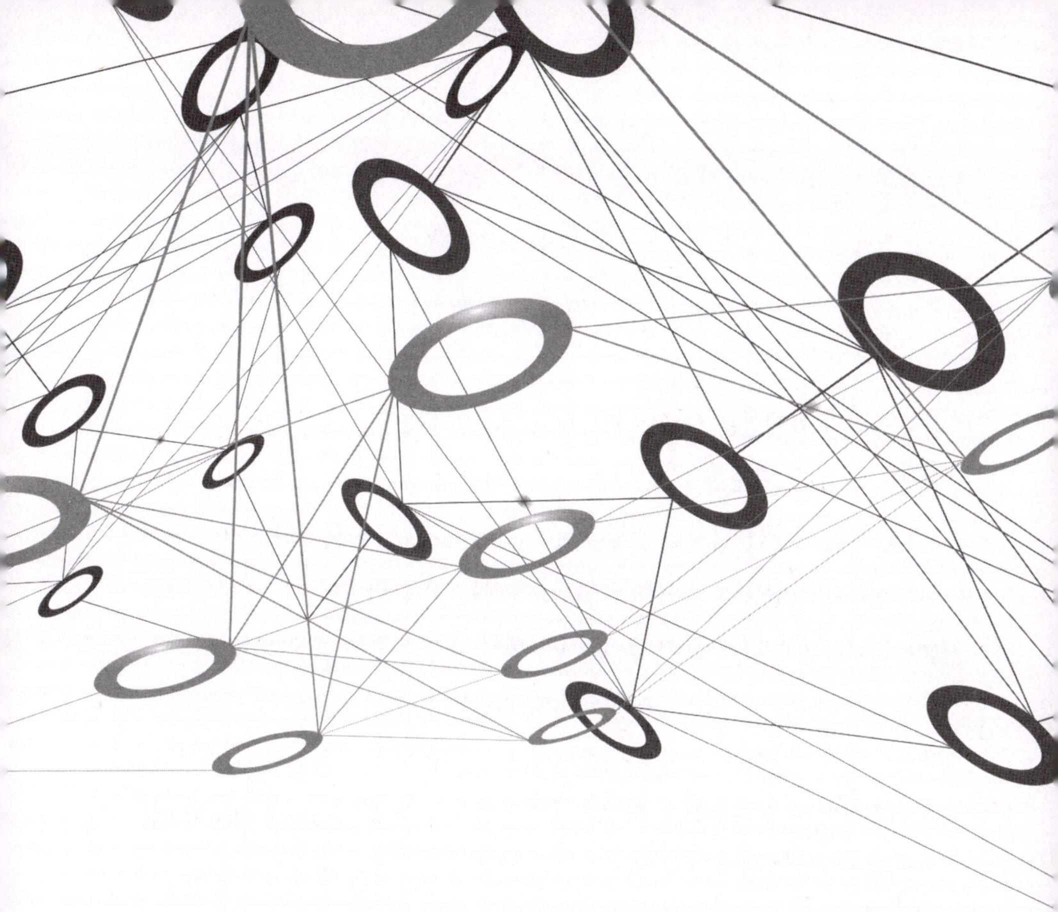

Digital Transformation and Public Services

디지털 전환과 공공서비스

김영미

머리말

우리가 함께하는 사회는 지능정보 기술의 연결이 만드는 거대한 파도 위에 서 있다. 단순한 디지털화가 아닌 인간의 생활과 사고, 조직과 제도의 근간을 바꾸는 디지털 전환(digital transformation)은 국가와 사회, 시민 모두의 삶에 깊숙이 스며들고 있다. 우리는 이미 다양한 디지털 기술과 서비스를 일상에서 체감하고 있으며, 특히 공공 부문은 행정 효율성과 대민서비스의 질적 향상을 위해 디지털 기반의 혁신이 끊임없이 요구되고 있다. 행정서비스는 더 이상 단순한 정보 제공이나 절차적 처리에 머무를 수 없으며, 예측 가능하고 개인화되며 공감 가능한 서비스로의 전환이 핵심 과제가 되고 있다.

이 책은 이러한 흐름 속에서 공공 부문이 디지털 전환을 어떻게 이해하고, 수용하며, 무엇을 변화시켜야 하는지를 단계적으로 살펴보고자 했다. 전자정부에서 시작해 4차 산업혁명, 디지털정부, 디지털플랫폼정부, 나아가 지능정부로의 대전환이라는 시대적 변화를 토대로 지역정보화지(한국지역정보개발원)와 공공기관 포럼 및 언론사 등에 실었던 칼럼과 에세이를 모아 구성했다.

기술은 빠르게 발전하지만 기술을 활용하는 사람과 조직, 제도는 그 속도를 따라가지 못할 때가 많다. 따라서 기술적 측면뿐만 아니라 제도와 문화, 거버넌스 체계 전반의 정합적 접근이 필요한 시점이다. 특히 공

디지털 전환과 공공서비스
Digital Transformation and Public Services

공서비스 영역은 단순한 기술의 도입에 그치는 것이 아니라, 공공성·신뢰성·형평성이라는 고유의 가치를 디지털 환경에서도 어떻게 유지하고 진화시킬 수 있는가가 핵심 과제다.

1장에서는 '디지털 전환의 이해와 공공 부문 변화'라는 주제로 디지털 기술이 어떤 방식으로 사회구조를 변화시키고 있으며, 공공 부문은 그 변화에 어떻게 적응하고 있는지를 담고 있다. '디지털과 함께 변화하는 것들'을 통해 사회 전반의 흐름을 이해하고, '공공 부문에서의 디지털화 흐름'에서는 정부와 지방자치단체, 공공기관의 사례를 통해 변화의 패턴을 보고자 했다. '디지털 기술이 바꾸는 서비스 개념'에서는 시민이 체감하는 서비스의 개념으로 끊임없이 변화를 시도하는 공공 영역과 기업, 대학의 노력을 중심으로 그 과정을 짚어보고자 했다.

2장에서는 '공공서비스와 디지털 혁신'으로 공공서비스가 디지털 혁신을 통해 재정의되고 있는지를 살펴보았다. 디지털정부에서 플랫폼정부로의 진화 과정, 지능정부로의 전환 논의, 그리고 이로 인해 달라지는 서비스의 구조와 전달 방식을 중심으로 다루고 있다. 이제는 시민과의 인터페이스에서 단순한 접근성을 넘어서, 데이터 기반의 개인 맞춤형 서비스, 시민 참여형 정책 설계, AI 기반의 대응형 행정 등이 논의되고 있는 시대이다. 생활 속에서 느낄 수 있는 우리 삶의 변화를 중심으로 접근하고자 했다.

3장은 '디지털 전환이 우리에게 주는 교훈'이다. 우리는 디지털 전환이 가져오는 편리함에 익숙해지고 있지만, 동시에 기술 의존의 함정과 정보 격차, 데이터 윤리 문제에도 주목해야 한다. 이 장에서는 디지털 사회의 혜택을 모두가 누리기 위해 우리가 무엇을 포기하고 무엇을 준비해야 하는지를 보고자 했다. 특히 디지털 역량의 격차가 새로운 사회적 불평등을 초래하지 않도록 하기 위한 교육, 제도, 인프라 차원의 대비가 중요함을 강조했다.

　4장은 'AI 정부로의 대전환'을 중심으로 논의가 활성화 되고 있는 주제들을 살펴보고자 했다. 행정 영역에서도 인공지능의 활용은 빠르게 확대되고 있으며 예측 행정, 맞춤형 복지, 자동화된 행정 처리, 스마트 거버넌스 등 다양한 가능성이 열리고 있다. 그러나 AI 기술의 도입은 단순한 업무 효율화에 그치지 않고, 행정의 책임성과 신뢰성 확보라는 원칙과도 조화를 이루어야 한다. AI 정부는 기술 그 자체가 아니라, 사람 중심의 정책을 실현하는 하나의 도구로서 봐야 할 것이다.

　이 책은 디지털 전환 시대에 공공서비스가 추구해야 할 의미와 실천을 모색하고자 했다. 기술은 수단이며, 목적은 여전히 사람을 위한 서비스, 시민 삶의 질을 향상시키는 행정이 우선해야 한다. 그 전환의 길목에서 공공 부문이 준비해야 할 것은 신기술의 도입뿐만 아니라, 디지털 시대에

디지털 전환과 공공서비스
Digital Transformation and Public Services

맞는 새로운 '공공성의 재정의'도 함께해야 할 것이다.

인공지능 기술이 우리 일상생활에서 화두이고, 공공서비스 지원을 위해 절대적인 수단으로 활용되고 있다. 그동안 정부의 주도 하에 기술과 시스템의 변화는 끊임없이 추진되었는데, 그 과정을 중심으로 공감과 이해를 쉽게 하고자 설명했다. 전문적인 분석을 시도하기보다는 일상에서 체감하고 느끼게 되는 현상을 중심으로 다루었다. 무엇보다 학부생들이 디지털정부, 지능정부의 흐름과 변천과정을 이해할 수 있도록 눈높이를 맞추고자 했다.

이 책이 나오기까지 수고를 아끼지 않고 지원해 준 윤성사 정재훈 대표님께 감사의 마음을 전한다. 가족은 공기와 같아서 항상 함께하다 보면 존재의 고마움을 표현하지 않고 지나칠 때가 많다. 작은 글의 표현이 고마운 마음을 다할 수는 없지만, 늘 감사함의 근원인 남편 유재원 교수와 아들 석민, 석현에게 깊은 애정의 마음을 전한다. 여전히 마음속에 살아계신 아버지, 영혼의 기둥이신 어머니께 감사드린다.

2025년 5월
상명대학교 미래백년관에서
김영미

차례

디지털 전환의 이해와 공공 부문의 변화
13p

- 디지털과 함께 변화하는 것들 / 13
- 공공 부문에서의 디지털화 흐름 / 32
- 디지털 기술이 바꾸는 서비스 개념 / 36

공공서비스와 디지털 혁신
49p

- 디지털정부에서 플랫폼정부로의 변화와 발전 / 49
- 지능정부로의 변신 / 64
- 공공서비스의 무엇이 달라지는가? / 75

디지털 전환과 공공서비스
Digital Transformation and Public Services

디지털 전환이 우리에게 주는 교훈
85p

- 생활 속의 편리함을 위해 버려야 할 것들 / 85
- 디지털 역량을 위한 준비 / 91
- 디지털 전환을 위한 제도와 거버넌스 / 97

AI 정부로의 대전환
107p

- 예측행정과 맞춤형 서비스 / 107
- 지속가능한 디지털 행정 / 116
- 미래 공공서비스의 방향 / 121

Digital Transformation
and Public Services

디지털 전환과 공공서비스

01

Digital Transformation and Public Services

디지털 전환의 이해와 공공 부문의 변화

DIGITAL
디지털과 함께 변화하는 것들

○ 연결과 상생, 사람을 통해 답을 찾다.

어릴 적 작은 다락방에서 숨을 죽이며 읽었던 '알리바바와 40인의 도적이야기'. 기억 속에 남은 "열려라~~참깨~"는 새로운 세상으로 가는 주문이었고, 미지의 그 어떤 일들이 기다리고 있음에 긴장의 끈을 놓치지 않게 하는 마술과도 같았다.

'알리바바와 40인의 도적' 이야기는 훔친 보물이 숨겨진 동굴의 문을 열 수 있는 주문을 주인공이 우연히 알게 되면서 흥미진진하게 펼쳐진다. 이 알리바바의 주문이 시대를 훌쩍 넘어 새로운 곳에서 활약하게 된다. 바로 중국의 마윈(Jack Ma Yun)을 통해 알리바바닷컴으로 재탄생된 것이다. 마윈은 1999년 인터넷 B2B 거래 기업인 알리바바를 설립했다. 무일푼에서 시작해 15년 만에 알리바바 그룹을 약 160조 원의 기업 가치로 키워낸 인물이다. 그의 드라마틱한 삶과 독특한 외모는 여러 언론에서 화제가 되기도 했는데, 포브스의 평가에 의하면 젊은 시절 호텔에 취직하려다가 외모 때문에 떨어진 일화도 있었다고 한다(헤럴드경제, 2014.9.17.). 스스로도 자신을 "비쩍 마른데다 못생겼다"고 칭하며 수능 수학시험에서는 1점을 받을 정도로 머리도 좋지 못했다는 인터뷰도 종종 했다고 말한다. 그럼에도 마윈은 청년들에게 용기를 북돋워주는 발언을 언론매체를 통해 적극적으로 했다.

　마윈이 알리바바를 창업한 중요한 취지는 중소기업들을 더 번창하게 해주기 위함이었다고 한다. 1999년 9월 알리바바 홈페이지가 등장한 이래 수많은 중소기업들이 그가 만든 알리바바 덕택에 부유해질 수 있었고, 인터넷은 가난한 기업을 위한 통로가 되어야 한다고 생각하는 그의 가치관이 반영된 결과라고 볼 수 있다.

　마윈과 관련해 빼놓을 수 없는 인물이 있다. 빈민가 출신이었던 재일교포 3세인 손정의 회장이 일본 최고 부자가 된 여정도 역시 극적이다. 24살에 소프트웨어 유통회사 소프트뱅크를 창업해 4년 만에 시장의 60%

를 점유했다. 어느 잡지도 소프트뱅크 광고를 실어주지 않자 직접 잡지를 창간해 3년 만에 최다부수를 발행한 경력도 가지고 있다. 2001년 초고속 인터넷 사업에 뛰어들어 매년 1조 원이 넘는 적자로 고전했지만 포기하지 않고 사업을 계속해 4년 만에 흑자전환에 성공한 일화도 보유하고 있다. 손 회장의 재능 중 단연 최고는 "뭔가를 알아본다는 점"이다. 특히 '될 것 같은' 기업을 알아보는 데 천재적 재능을 발휘했다. IT 기술을 전혀 모르는 전직 영어교사가 시작한 전자상거래 사업에 손 회장은 240억여 원을 투자했고 이 돈은 10여 년이 지난 후 3천 배로 불어났다. 사실상 손 회장은 알리바바닷컴의 최대 주주 역할을 했다.

마윈(Jack Ma Yun)의 성공 비결 중 하나는 그가 동굴 앞에 가서 용감하게 "열려라 참깨"를 외쳤기 때문이다. 만일 알리바바가 도둑 중 단 한 명이라도 동굴 안에 있을 것이라고 생각하고 과감하게 동굴 안으로 들어가 볼 생각을 못했다면 알리바바는 여전히 가난을 면치 못했을 것이라는 교훈을 보게 된다. 손 회장 역시 수천 개의 IT 기업에 투자를 했다고 한다. 성공보다는 실패가 더 많았을 것이다. 그러나 수많은 투자를 하면서 단 한 번도 적대적 인수합병을 한 적이 없다고 한다. 벼랑 끝에 선 기업의 생사 앞에서 무엇이 우선해야 하는 가치인지를 놓치지 않았다는 점은 새겨볼 만한 교훈이다. 우리가 정당한 일에 지극한 정성을 들이면, 그 정성의 정도와 일의 성질에 따라서 조만(早晚, 이름과 늦음)은 있을지언정 이루어지지 않는 일은 없다.

말콤 글래드웰(Malcolm Gladwell)은 저서 『*Outliers: The Srory of*

Success』(2008)에서 성공하는 사람들을 분석하고 있는데 문화적, 역사적, 기질적 차이에 더해 일만 시간 이상의 노력이 성공의 비결임을 밝히고 있다(Gladwell, 2008). 해마다 평가되는 세계 부호 10위를 보면, 꾸준히 순위 안에 머무는 대부호와 치열하게 성장해서 5위안으로 바짝 치고 올라오는 거목들을 보게 된다. 흔히 4차 산업혁명의 강연장에서 많이 듣게 되는 사례가 이곳에서 나온다. 이들 업종은 대체로 ICT 관련 분야가 주류임을 밝히고 있고, 새로운 패턴의 산업이 성장세임을 확인할 수 있다는 것이다. 세계의 경제를 쥐고 흔드는 이들 CEO는 정말 얼마나 대단한가! 이런 엄청난 회사를 키워낸 대표들은 대체로 최고 학벌에 스펙까지 더해진 우수 엘리트들일 것이라고 생각하게 된다. 그러나 세계 10위안에 포함되는 부호들은 IT 전공자도 아니고 대학교육도 정상적으로 받기 어려운 가정에서 성장한 사례가 더 많다는 점을 주목해야 할 것이다. IT 기반의 세상은 꾸준히 변하고 있고, 무엇보다 그 속도가 매우 빠르게 진행되고 있다. 어느 순간에는 판을 새로 뒤집고 다시 시작해야 한다. 이들을 크고 강하게 할 수 있었던 동기는 꼭 학교 교실에서 만들어지는 것이 아님을 확인하게 해 준다.

　이세돌과 알파고의 경기를 보면서 인간이 무력해질 수 있음에 우려와 걱정이 반반이다. 인간과 기계와의 전쟁을 다루는 영화들의 주요 테마도 기계에 참패하게 될 사람의 모습을 그리면서 긍정적 결과보다는 부정적 결론을 도출하고 있다. 특히 4차 산업혁명은 경제구조를 재편하고 사회 기반을 새롭게 재구조화해야 함을 강조하고 있다. 스위스 다보스에서 열린 '세계경제포럼'에서 처음 언급된 개념인 4차 산업혁명은 핵심 키워드로 융합과 연결을 제안하고 있다. 정보통신기술의 발달로 전 세계적인 소통이 가능해지고 개별적으로 발달한 각종 기술의 원활한 융합을 가능케 한다. 정보통신기술과 제조업, 바이오 산업 등 다양한 산업 분야에서 이루어지는 연결과 융합은 새로운 부가가치를 창출해 낼 것이라고 전망했다(정민·류승희, 2019.1.).

생각의 연결

사과워치(애플워치), 우주기어(갤럭시기어)가 유행을 하는데, 스마트워치는 "하루에 잠을 얼마나 자는지", "밥은 무엇을 먹는지" 등 사람의 신체 활동 데이터를 축적하고 있다. 스마트워치는 데이터를 스마트폰뿐만 아니라 냉장고, 전등, 텔레비전 등 다양한 기기들과 공유하게 된다. 데이터가 축적되면 특정한 패턴이 형성되는데, 분석 결과를 토대로 사람들의 행동을 예측하게 된다. 기업들은 예측 결과를 바탕으로 소비자의 특성에 맞는 물건들을 생산해 낼 것이다.

4차 산업혁명의 특징은 초연결성, 초지능성, 예측 가능성을 주요 내용으로 제시하고 있다. 사람과 사물, 사물과 사물이 인터넷 통신망으로 연결(초연결성)되고, 초연결성으로 비롯된 막대한 데이터를 분석해 일정한 패턴을 파악(초지능성)한다. 분석 결과를 토대로 인간의 행동을 예측(예측 가능성)하는 이 삼박자는 앞으로 우리 사회에 더 익숙한 모습으로 들어올 것이다. 특히 4차 산업혁명의 시대는 기술 자체의 개발과 혁신보다는, 기술의 융합을 통한 혁신적인 서비스가 필요하다고 강조한다. 현재의 기술들(IoT, Cloud 등)을 응용해 데이터를 활용(ICBM)하는 능력의 중요성이 부각되고 있다. 기술의 융합 중, 빅데이터와 AI의 융합은 다양하고 엄청난 분야에서 위력을 발휘할 것이라는 예측들이 사례로 제시되고 있기도 하다.

이미 구글과 테슬라 등 글로벌 기업들은 완전 자율주행 기술에 대한 연구를 활발히 진행하고 있다. 완성차 업체들도 고정밀 지도회사를 인수하면서 자율주행시대에 대비했다. 서울대 지능형자동차IT연구센터가 개발한 '스누버(SNUBer)'는 무인 콜택시 개념의 서비스로, 스마트 어플리케이션으로 호출해 운전자 없이 택시처럼 이용할 수 있다. 밤 늦게 작업을 하고 귀가해야 할 때 그 활용도가 높을 것으로 예측되었다. 스누버 서비스는 미국 NHTSA 자율주행 자동차 5단계 중 3단계로 제한된 조건 내에서만 자율주행이 가능한 부분 자율주행을 할 수 있다고 한다. 스누버와 같은 자율주행 자동차의 기반 기술은 카메라 센서를 기본으로, LiDAR(레이저를 이용하여 전방 물체와의 거리 인식)를 활용해 거리를 인식하는 환경인지 센서 기술, 물체를 3차원으로 인식하고 판단하는 기술인 인식과 매핑(mapping) 기술 및 차량 소프트웨어 기술과 기계학습 기술 등이 있다. 이런 기술 중에서 스누버의 핵심 기술은 고정밀 3D 지도 및 센서융합을 기반으로 한 자율주행 기술임이 강조되고 있다. 기술과 기술이 융합됨에 따라 다양한 영역을 창출해 내는 구조다.

기술융합을 통한 서비스는 규제 완화와 인력 확보가 뒷받침되지 않으면 상당히 고전하게 될 것이다. 초반에는 경영, 행정관리, 경제 등의 전문 분야와 관련 인공지능(Artificial Intelligence: AI), 빅데이터 등의 기술 분야에 관한 능력 모두를 갖춘 인재는 찾기 힘든 상태다. 다양하고 복합적인 최첨단 기술이 융합해서 우리 삶의 변화 방향을 신기한 나라로 이끌어 줄 것이다. 그래서 세상이 또 한 번 '이상한 나라의 앨리스' 신화가 만들어지기를 마음 졸이면서 기다리게 된다. 기술의 세계가 융합을 통해 무궁무진한 영역을 만들어 내지만 이 기술들이 따뜻한 사람을 위해, 훈훈한 삶의 질을 높이는데 기여할 수 있기를 또한 기대하게 된다.

기술이 발전하고 새로운 사회전환의 패러다임으로 등장할 때 더욱 더 중요한 것은 사람에 대한 투자이다. 사람을 통해 연결하고 기술융합을 통해 시너지 효과가 상생하게 되는 것이다.

기업과 함께 하는 대학, 상생 프로젝트

저출산 고령화에 따른 경제위기와 청년일자리 부족으로 인한 취업난을 해소하고자 정부는 다양한 정책들을 개진했다. 대학에서도 학생들의 취업 활성화를 위한 각종 지원 프로그램과 교과과정 개편 등 다각적인 시도가 반영되고 있다. 그러나 청년 실업률의 감소가 지속됨에 따라 사회적 우려가 커서 대학과 기업이 함께 고민하면서 이러한 과제를 풀어가기 위해 노력하고 있다. 대학은 사회수요를 토대로 기업과 연계해 맞춤형 교과과정을 구성하고 실질적으로 기업이 원하는 인재를 함께 교육해 배출하고자 여러 가지 아이디어를 구상하고 실천하고자 한다. 특히 4차 산업혁명 시대에 걸맞은 새로운 패러다임으로 사회 구조가 변화됨에 발 빠른 대처를 하고자 했다. 빅데이터의 의의와 가치에 모두가 공감하지만 데이터가 넘쳐나도 미래를 예측하는 데는 한계가 있다. 변화의 속도가 예측의 시점을 넘어서는 느낌은 아무래도 우리 모두를 두렵게 하는 원천이 아닐까 싶다. 대학의 기능이 연구와 교육이지만 최근 변화의 방향은 이마저도 어렵게 만들고 있다.

사회를 구성하는 여러 요소의 힘이 공존하지만, 특히 중소기업은 중요한 경제의 몸통 역할을 한다. 그러나 사회수요는 특히 대학을 갓 졸업하는 청년들의 경우, 대기업이나 공공기관에 상당히 많은 관심을 표명하고 있다. 글로벌 투자의 대가인 짐 로저스(Jim Rogers, 로저스 홀딩스 회장)는 모 언론과의 전화 인터뷰에서 "한국 청년들의 공무원, 대기업 시험 열풍은 매우 부끄러운 일"이라며 "활력을 잃고 몰락하는 사회의 전형을 보는 것 같다"고 말했다. 특히 "최근 한국이 급격히 일본을 닮아가고 있다"며, "한국 청년들이 사랑하는 일을 찾지 않고 무조건 안정적인 공무원이나 대기업만 쫓을 경우, 5년 안에 활력을 잃고 몰락의 길을 걸을 것"이라고 경고하고 있다(동아일보, 2017.7.17.).

지능형 사회로의 전환은 우리가 해오던 많은 역할을 기계가 대신함에 따라 일자리가 없어질 수 있음에 대한 우려에서 출발한다. 창업, 새로운 영역에의 무한 도전을 강조하지만 청년들은 여전히 공무원과 대기업에 시선을 멈추고 있다. 중소기업의 역할이 재편되고 이들 생태계를 전환시키기 위한 노력이 우선적으로 진행되어야 한다. 중소기업이 강소기업으로서의 면모를 다지고 우수한 청년들이 진입하고자 희망하는 새로운 구심점의 역할이 필요하다. 기존의 이미지를 탈피하기 위해서는 중소기업의 환경 구조도 변화될 필요가 있으며, 취업을 준비하는 대학생들의 인식 전환도 함께 모색되어야 할 것이다. 지난 몇 년 간 교육부가 지원하는 '사회맞춤형 학과 중점형 LINC+사업'은 대학과 중소기업이 함께 하는 일자리 상생협력을 강조했다. 4차 산업혁명이라 불리는 기술 환경 변화 속에서 무엇보다 IT R&D 환경 부문의 개선 및 초연결 사회로 대변되는 미래에 대응하기 위한 역량의 확충이 절실히 요구되고 있다. 초연결 사회로의 전환에 필요한 ICT 신기술-사물인터넷, 클라우드, 빅데이터 등의 개발에 대한 투자와 함께 미래형 신성장 동력산업을 중심으로 교육의 지원 방향도 도모되고 있다.

○ 사례를 통해 보는 협업

미국 남부의 North Carolina에는 UNC(University of North Carolina), Duke대학교와 NC State(North Carolina State University)가 약 30분 정도의 거리에 밀집해 있으면서 세 대학이 공동 프로그램을 운영하는 등

그 시너지 효과를 높이는 좋은 사례가 있다. 이 대학들의 중간 지점에 RTP(Research Triangle Park)가 자리 잡고 있는데, 이곳에는 새로운 시도를 도모하는 창의적 벤처기업 및 연구 중심의 기업과 대기업의 지적 기반이 되는 사무실들이 입주해 있다. NC(North Carolina) 정부의 지원과 인근의 우수 대학으로부터 다양한 인재를 확보하는 등 그야말로 산학연의 선두 주자 역할을 하는 지식 일자리 창출의 보고라고 할 수 있는 곳이다. 이곳에 통계패키지로 유명한 SAS가 자리 잡고 있는데, 그 탄생은 1980년대 UNC, NC State의 통계학과 학생들이 동아리 활동을 하면서 만든 프로그램이 창업의 단계를 넘어 비약적인 발전을 거듭했고, 지금은 미국 내에서 사원복지가 가장 좋은 Best 1에 꼽히는, 그래서 젊은이들이 가장 선호하는 기업 중의 하나로 자리 매김하고 있다. 이 지역에 대학들이 없다면 오래 전 남북전쟁에서 패한 남부의 황폐함과 극복하지 못하는 인종차별주의에 빠져서 몰락한 지역으로 쇠퇴를 거듭했을 것이라고 지역주민들은 종종 이야기를 한다. 지역주민들은 한결 같이 우리 동네에 이렇게 좋은 대학들이 있음에 감사하고 이 대학들이 지속적인 발전을 할 수 있도록 후원과 정성을 아끼지 않고 있다고 한다. 특히 지역주민들의 세금으로 운영되는 주립대학의 경우, 주민들의 애정은 더 커서 지역공동체 의식까지 보여주고 있다. 더욱 흥미로운 사실은 세계 여러 나라에 벤치마킹되고 있는 RTP의 아이디어는 UNC의 사회학과 교수가 지역경제 활성화 차원에서 제시한 제안이 성공한 사례라고 한다. 이처럼 대학의 역할은 세상의 변화를 유도하고 끊임없이 변화를 가속화시키는 산실인 것이다.

최근의 사회 변화를 보면 첨단 지식·정보 기술의 비약적인 발전으로 인해 예측이 불허할 정도의 새로운 모습으로 진행되고 있다. 그러다 보니 기존의 보수적 형태의 일자리 또한 변화하는 시대에 맞게 창출되어야 하는 딜레마를 겪는다. 특히 고령화에 따른 새로운 일자리도 시도해야 하는 점 또한 눈앞의 현실이다. 이제는 평생직장이 아닌 평생직업의 개념이 강조되다 보니 끊임없이 자기관리를 철저히 하지 않으면 낙오되는 것은 자명한 일일 것이다.

대학이 학문의 전당으로서 그 위상을 높였던 과거와 달리 작금의 대학생들은 취업을 가장 중요한 현안으로 받아들이고 있다. 그러나 그 준비 과정을 잠시 지켜본 바에 의하면 단순히 졸업을 앞둔 1년 남짓 초치기 내지는 임기응변식의 대응이 아닌, 기본을 철저히 짚고 넘어가는 강도 높은 훈련을 받고 있음을 알 수 있었다. 특히 고등학교부터 일관되게 연계되는 자기관리를 위한 프로그램들은 대학생이 되어서도 개인의 특성화를 돋보일 수 있도록 적용된다는 점이다. 이러한 기반 구축은 향후 전략도 모색할 수 있고 세부 전공을 선택하는데도 더욱 경쟁력을 확보할 수 있는 원천이라고 생각된다.

우리 사회의 인식은 여전히 대기업을 높이 평가하는 분위기가 지배적이다 보니 상대적으로 우수 중소기업임에도 대학생들의 선호도가 반영되는데 한계가 있다. 일본의 예를 보면 대학을 졸업하는 청년들의 경우 대기업과 중소기업 지원율의 차이가 크지 않다고 한다. 중소기업의 복지나 연봉 등의 처우가 대기업에 비해 손실이 없는 구조라서 선택의

폭이 넓다는 것이다. 반면 우리는 대기업과 중소기업의 근로환경, 복지 현황, 인건비 구조의 차이 등이 대기업 재수로 까지 이어지고 있다. 또한 어렵게 좋은 인력을 채용해 기술교육과 훈련을 시켜 놓으면 이직율이 높아지고 있는 것도 중소기업을 어렵게 하는 난제이다. 대학이 중소기업과 연계해 맞춤형 교육을 수행함에 이러한 부분이 여전히 딜레마로 남아있다.

○ 준비의 시간들

청년들이 격변의 틈새에 끼여 취업을 위한 준비로 대학생활의 모든 시간을 걸고 있는 현실을 볼 때 다소 안타까운 마음이 든다. 더 큰 사회에 나가서 마음껏 푸른 꿈을 발휘하기 위한 기본 교양의 축적 및 지식을 쌓기보다는 취업 관련 프로그램에 많은 시간을 소모하고 자기 치장하는데 비용과 열정이 빠져나가는 모습들은 결코 바람직하지 않다. 앞으로 길고 긴 경제활동을 해야 하는 사회 변화의 흐름과 연계해 볼 때 무엇보다도 기본을 쌓는 일에 최선을 다해야 할 것이다. 위기가 올 때를 대비해서 기초를 튼튼히 하는 일은 오랜 역사를 보더라도 수없이 검증된 명제다. 정말 좋은 일자리를 찾고 싶고 내가 즐길 수 있는 직업을 염원한다면 대학생활의 그 시간에 충실해야 함을 강조하고 싶다. 앞서 언급한 말콤 글래드웰(Malcolm Gladwell)의 저서 『*Outliers: The Srory of Success*』(2008)에서

얘기하는 "일만 시간의 법칙"은 여러 사례를 들어 설명하고 있다. 즉, 모든 영광 뒤에 숨어있는 진실은 일만 번에 해당하는 꾸준함과 반복훈련의 효과에 의한 것임을 제시하고 있다(Gladwell, 2008).

빠른 속도의 변화는 정확한 예측을 제시하는데 장애가 되기도 하고, 불분명한 미래는 두려움을 주기도 한다. 그러나 대학의 역할은 우리 사회가 발전하는데 가장 중요한 인재를 양성하는 일이다. 4차 산업혁명의 변화 속에서도 대학은 여전히 좋은 품성과 인성을 갖춘 따뜻한 사람을 키우는 일에 우선해야 한다.

우리는 여러 마리의 토끼를 한 번에 다잡는 운수대통을 꿈꾼다. 4차 산업혁명은 가히 혁명을 전제로 다양한 서비스, 맞춤형 서비스, 편리한 일자리 창출을 희망하면서 동시에 잃을 수도 있는 동전의 양면을 경계한다. 기술변화에 따른 경제구조의 전환을 이미 정보화 사회를 통해 경험했다. 누적된 경험 데이터를 활용해서 안정보다는 도전을 선택하는 것이 새로운 지능정보 사회에 유연하게 안착할 수 있을 것이다. 자신이 생각하고 결정하는 자신감이 새 판을 짜고 이끌어 가는데 높은 평가를 받게 될 것이다. 청년들의 인식 전환과 함께 우리 중소기업의 체질 개선도 이루어져야 한다. 특히 잘 교육훈련을 받은 학생을 채용하기 위해 기업도 그에 걸맞은 기반을 갖출 것을 권한다. 일하는 방식을 변화시켜 직원들의 복지환경을 개선하고, 지속적으로 자기관리와 성장이 이루어질 수 있도록 인프라 개선 등의 변화가 수반되어야 한다. 4차 산업혁명은 진행되고 있고, 이전의 세상과 격리되는 새로운 것이기보다는 일상적으로 해 왔던 우리 생활의 한 부분들이 끊임없이 변화되는 과정이다.

○ 공유경제의 시대

2017년 가을, 아마존(Amazon)은 알렉사(Alexa) 지원 기기를 에코, 탭, 에코 닷을 포함해 다섯 가지 종류의 자체 브랜드로 판매하고 있다. 아마존은 미국 시장의 상당히 높은 수준(약 70% 이상)의 시장점유율을 제시하면서 음성지원 비서 기기를 사용할 것이라고 예상했다. 라부친(Steve Rabuchin)은 알렉사의 개발 역사를 반추하며 "음성 및 인공지능 기술은 수십 년 전부터 연구됐지만 진정한 기술적 성장은 아마존 웹 서비스(AWS)가 클라우드, 머신러닝 및 딥러닝과 같은 무한한 컴퓨팅을 함께 구현하면서 이루어졌다"고 한다(조선일보, 2017.9.22.).

자동차, 주방용품, 도어락, 스프링클러, 차고 문 개폐 장치 및 다른 많은 커넥티드 제품이 알렉사 혹은 이와 유사한 음성 인식 기술을 도입했다. 당시 적어도 40개 업체가 새롭게 알렉사를 도입한다고 발표했으며 다른 제조업체도 뒤를 따르는 등 매우 빠른 급성장세를 보여 주었고 연계상품 등 시장형성이 확대되었다.

에어비앤비(Airbnb)는 2008년 8월에 창립된 숙박 공유플랫폼 스타트업이다. 미국 캘리포니아주 샌프란시스코에 본사를 두고 있는데, 2018년 기준 190여 개 이상의 국가, 3만 4천개 이상의 도시에 진출해 있다. 짧은 기간에 에어비앤비 이용객 수가 급증했는데, 에어비앤비의 기업가치는 무려 300억 달러 이상으로, 우버와 더불어 가장 주목받는 스타트업으로 등장했다. 미국의 중년여성들이 에어비앤비를 통해 집의 남은 방을 공유하고 용돈도 벌지만 세계 여러 나라 사람들을 거실로 불러 모아 수다를 떨고 이해의 공감대를 높이는 즐거운 시간을 상상하고 실현하고 있다.

에어비앤비는 조 게비아(Joe Gebbia)와 브라이언 체스키(Brian Chesky), 네이선 블레차르치크(Nathan Blecharczyk)가 머물던 샌프란시스코의 한 아파트에서 시작되었다고 한다. 이 아파트는 조 게비아의 집이었는데, 2007년 3명의 공동창업자가 함께 지내면서 창업을 꿈꾸었지만 사업자금이 없었다. 그러다 세 사람은 집 안에 남는 공간이 있다는 걸 깨달았다. 집이 큰 건 아니지만, 잘 쓰지 않는 공간이 있음을 인지하고 있던 즈음, 대규모 디자인 컨퍼런스가 열리면서 호텔마다 손님들로 가득 찼다. 조와 브라이언, 네이선은 용돈을 벌 겸 세 명의 디자이너에게 집을 빌려줬다. 세 창업자는 손님에게 샌프란시스코의 커피숍과 식당을 소개하고 아파트 근처 동네를 보여줬다. 손님에게 에어베드(air bed)와 아침(breakfast)을 내줬다는 점에 착안해서 만들어진 게 지금의 에어비앤비(air bed & breakfast: Airbnb)에 이르고 있다.

이용도가 높고 인기 품목 중 하나인 우버(Uber)는 승객과 운전기사를 스마트폰 버튼 하나로 연결하는 기술 플랫폼이다. 플랫폼이라는 단어가 상징하듯 우버는 택시를 소유하지 않는 택시 서비스다. 운전기사 없는 운송 서비스 개념으로 모바일앱을 통해 승객과 운전기사를 연결해 주는 허브 역할만 수행한다. 대신 모든 결제는 우버앱을 통해서만 진행되며, 택시 요금으로 결제된 금액은 우버가 20% 내외 범위에서 수수료로 가져가고 나머지는 운전기사에게 배분한다. 그 덕에 고소득을 올리는 운전기사도 탄생하고 있다고 한다. 또한 우버 이용자는 스마트폰에 우버앱을 깔기만 하면 서비스를 이용할 수 있다. 대신 가입 때부터 신용카드를 등록하며, 요금은 등록된 카드를 통해 자동으로 결제되어 운전기사에게 직접 건네지 않아도 된다. 이때 요금은 날씨와 시간, 요일에 따라 차등적으로 책정된다. 예를 들어 눈이나 비가 오는 날에는 가격이 올라가고 평일 낮 시간대는 가격이 내려간다. 수요와 공급에 따라 가격이 변동되는 자체 알고리즘을 갖고 있다. 미국에서 택시를 이용할 때 신경 쓰이는 부분이 팁을 얼마를 주어야 하나 계산하는 일이다. 그러나 우버 택시는 더 이상 이런 불필요한 신경을 쓸 필요가 없다는 점도 호평 중 하나다.

우버의 창업자 트레비스 캘러닉(Travis C. Kalanick)은 컴퓨터 공학을 전공했는데, 대학을 그만 두고 친구와 함께 스카워(Scour)라는 스타트업을 설립했다. 첫 번째 시도는 파산으로 이어졌고. 캘러닉은 2001년 스카워 개발자를 데리고 레드 스우시(Red Swoosh)라는 기업을 설립했다. 그는 P2P 파일 공유 시스템을 택했고, 여러 난관을 극복하면서 2007년 창업 10년 만에 마침내 1900만 달러에 기업을 매각하는데 성공했다. 그는 이렇게 벌어들인 자금으로 2009년 개릿 캠프(Garrett M. Camp)와 다시 창업에 나섰고, 세 번째로 창업한 회사가 바로 우버라고 한다. 캘러닉은 "택시를 잡는 데 30분이나 걸려 짜증"나서 창업을 결심하게 됐다고 말한다. "모바일 버튼 하나로 택시를 부를 수 있을까"로 시작된 그의 아이디어는 "모든 운전자를 기사로 만들겠다"는 구상으로 나아갔고 대중은 우버를 편리하게 이용하고 있다.

우버의 고속 성장은 혼자만의 힘으로 이루어진 것은 아니다. 구글이 없었다면 아마 오랜 시간이 걸렸거나, 성공하지 못했거나 둘 중의 하나일 것이다. 구글의 공이 컸다. 구글은 2013년 구글벤처스를 통해 우버에 2억 5천만 달러(우리 돈 약 2천 5백억 원)를 투자했다. 구글벤처스가 확보한 지분은 불과 7.35%. 3조 원 이상의 기업으로 가치를 인정받은 것이다. 구글벤처스의 가세는 후속 투자를 끌어내는 토양이 됐다. "돈 될 것 같다"고 생각한 뮤추얼 펀드가 너도나도 우버 투자에 참여하기 시작했다. 2013년 3~4조 원대의 기업 가치는 2014년 6월 18조 원으로 껑충 뛰어올랐다. 물론 다른 영역에 비해 우버는 논란을 몰고 다니는 스타트업이다. 우버가 진출하는 도시마다 택시 기사들의 반발을 불러일으키고 있다. 영국 런던, 이탈리아 밀라노, 독일 베를린, 스페인 마드리드 등 유럽 주요 도시는 우버에 반발하는 택시 기사들의 파업이 있었다. 이러한 집단 저항에 따른 난제도 있었지만 이용객 수는 꾸준히 증가해 앱을 이용한 편리한 수단으로 자리매김하고 있다. 아마존(Amazon)은 도서, 의류, 식품 등 다양한 품목을 판매하는 미국의 온라인 커머스(online commerce) 회사다. 1995년 제프 베조스(Jeff Bezos)가 시애틀(Seattle)에서 인터넷 서점으로 처음 설립했으며, 현재는 미국 이외에도 이탈리아, 멕시코, 스페인 등 13개국에서 아마존 웹사이트를 운영하고 있다.

○ 공유의 확장

전자상거래 이외에도 클라우드 서비스(cloud service)인 아마존 웹 서비스, 전자책 킨들(Kindle)을 비롯한 태블릿 PC, 스마트폰 등을 제조·판매하며 전자상거래 이외의 분야에도 사업을 확장했다. 현재 미국의 시애틀이 성장하는데 가장 영향력을 행사한 기업 중 하나로 인정받고 있다. a~z까지를 다 포함하고자 노력하는 아마존의 영향력이 점점 강해지고 있음을 느낀다.

이제는 '공유경제'의 시대라고 흔히들 말한다. 미국의 로렌스 레식(Lawrence Lessig) 하버드대학교 교수의 저서 『Code and Outher Laws of Cyberspace』(1999)에서 처음 사용됐다고 알려진 공유경제는 분산형 컴퓨팅, 카풀 등의 공유 행위가 특정 커뮤니티 안에서만이 아니라 범사회적으로 실천되어 왔다고 본다(Lessig, 1999). 공유경제는 가격체계가 아닌 사회관계와 공유의 윤리를 기반으로 자원을 동원하고 배분하고 있음에 기인한다.

범사회적 공유는 새로운 생산 양식으로 부상하는데, 단순히 휴머니즘 기반의 공유가 아닌, 개인이 자기가 가지고 있는 자원을 가지고 효과적인 생산 활동에 관여하는 것을 의미한다. 에어비앤비나 우버가 공유경제인가 그렇지 않은가에 대한 본질적인 논란은 끊임없이 이어지고 있다. 기존 경제 질서에 대한 파괴와 우려, 산재한 문제들이 지적되고 있지만 스타트업의 기본은 공유플랫폼이 강조되고 있다는 점이다.

지능정보가 새로운 사회 인프라로 기반하면서 경제 구조는 물론 직업의 변화를 가속시키고 있다. 작은 스타트업에서 시작해 세상을 바꾸는 일에 동참하는 이들 기업의 창업가를 배출할 수 있는 원천은 어디에서 나오는 것일까? 기업가들에게 대학 교육은 어떤 의미로 여겨질까? 대학의 교육도 도전받고 있다. 과거와 같은 지식을 전수하는 구조는 더 이상 미래의 직업과 연결시키기가 어렵다. 학생들에게 가르치는 것이 아닌 학생들이 생각하는 잠재적 상상력을 끌어내는 방식으로의 전환이 강조되고 있다. 이를 위해 대학가에는 'PBL(Project-based Learning)', '플립드러닝(flipped learning)' 등을 접목하고 있다. 그럼에도 단순히 몇 가지 교육방식을 변화시킨다고 해서 기존의 판이 완전히 변화하기에는 여전히 갈 길이 멀다. 우수한 영재들이 성장하고 있음에도 어느 시점에서는 이들의 역량이 발휘되지 못하고 조직문화에 사장되는 경우가 허다하다. 어느 한 부분만 키우고 발전시키고 변화해서 될 일은 아니다.

대학의 역할이 더 이상 지식의 전수가 아니라 지식을 생산해 내는 플랫폼으로서 기능이 강조되고 있다. 대학 간 경쟁보다는 기업과의 경쟁을 통해 미래 세계를 준비하고 창업과 창직이 가능한 구조로의 전환이 절실하다. 청년들의 미래 30년 후를 준비할 수 있도록 기업과 함께하는 산학교육 체제로의 변화가 우선적 과제이다.

미국 대도시 근교의 150년 된 주택에서 에어비앤비를 통해 외국 여행객을 집으로 들이고, 인공지능 스피커를 통해 음악을 나누며 서로의 문화를 공감하는 시간. 끊임없이 생각하고 나누고, 그리고 실행을 통해 또 다른 아이디어가 분출되는 곳, 이렇게 세상의 시간을 바꾸는 일들이 다양하게 수도 없이 반복되지만 실수가 용납되는 창업의 인프라가 생성되는 곳, 이곳이 미래의 지능정보 사회를 연결시켜 주는 진정한 플랫폼으로 거듭날 것이라는 확신이 든다.

공공 부문에서의 디지털화 흐름

○ 현장에서 느끼는 변화의 필요성

정부혁신의 일환으로 정부24를 통한 민원서비스 개선의 변화는 지속되고 있다. 그럼에도 필자는 오래되지 않은 시기에 작은 해프닝을 경험했었다. 직장 근처의 주민자치센터에서 겪은 일이다. 여러 가지 일정이 좀 급한 상황에서 인감증명 제출을 요구 받았다. 서류를 요청하는 기관도 사정이 무척 급했는지 멀리 지방에서 차를 몰고 서둘러 오고 있었다. 오전 일찍 센터가 개장하자마자 얼른 들어가서 인감증명서 한 통을 신청했다. 신분증을 달라는 요청에 "네~~"하며 지갑을 열었는데, "아뿔사!" 어제 가

방을 바꾸면서 신분증을 두고 나왔다. 다시 집을 다녀오기에는 너무 멀고 다음 스케줄이 있어 시간조정도 어려웠다. 담당 직원에게 난감한 사정을 이야기하고, 스마트폰에 저장해 놓은 신분증 사진도 보여 주며 본인임을 설명하고 증명서 발급을 부탁했다. 담당자는 일언지하에 신분증이 없으면 안 된다고 했다. 발걸음을 돌리며 나오다 다시 들어가서 주민등록증 재발급을 요청했다. 담당자는 사진과 신청서를 작성해서 달라고 주문했다. 신청서에는 달랑 이름과, 집 주소, 주민번호만을 적었다. 바로 주민증 재발급 과정이 진행되었다. 수수료 5,000원을 지불하고 3주 후에 카드 신분증이 나오면 찾으러 오라고 하면서 임시 증명서를 만들어 주었다. 종이 위에 사진을 붙이고 투명테이프로 감싼 임시 증명서를 발급 받아 600원 수수료를 내고 인감증명서를 발급받았다. 돌아서 나오는 내내 불편한 마음을 금할 수가 없었다.

행정서비스 강국으로서의 위상을 자랑하고 있지만 일선에서 나타나는 이 현상은 앞으로 지능정보가 강조되고 강화되는 사회를 맞이해 심도 있는 고민이 필요하다. 담당 직원은 메뉴얼대로 수행해야 하는 책임이 우선하지만 찾아오는 민원인은 사정이 천차만별일 것이다. 사정이 여유 있는 경우도 있고, 무척 급한 경우도 있고, 매우 어려운 난처한 상황도 이어질 수 있다. 물론 민원인의 이런 사정을 고려해서 달라져야 함을 요구하는 것은 아니지만 민원 업무의 지원이 무엇을 우선해야 하는지에 대해 여러 가지 접근법을 모색해야 할 것이다. 그동안 매우 많은 민원 내용들이 '정부24(www.gov.kr)'의 민원서비스에 포함되어 개선되고 있지만, 여전히 인감증명서를 반드시 받아야만 하는 상황과 본인이 본인임을 밝히고 있음에도 카드 신분증이 없다고 본인 확인을 외면하는 민원 현장의 에피소드는 미래 공공서비스의 변화 속에서 풀어야 할 우선 과제에 해당되었다. 이 상황은 시간이 흘러 디지털정부를 추진하는 과정에서 '정부24' 인감증명 발급의 개선, 모바일 신분증의 활용 강화 등의 정책개선으로 이어졌다.

공공서비스의 진화

지능정보 사회에서 지능정부의 핵심은 공공서비스의 진화일 것이다. 이는 비단 우리나라만의 현상이 아닌 세계 모든 국가들의 경쟁적 과업이기도 하다. 국가의 경쟁력 여부에 따라 다소 차이가 있을 순 있지만 신기술 발전에 따른 공공서비스 변화도 고객 관점에서 유연성과 더불어 큰 변화를 요구받고 있다. 단지 빠른 속도나 웃음 띤 모습의 친절한 개념의 서비스를 넘어서서 문제 해결형 서비스로의 진화가 요구되고 있다. 인공지능 기반의 서비스 진화는 그 내용도 다양하고 상상을 초월하는 다양한 형태로 개진되고 있다.

많은 민원인들, 즉 고객인 시민이 궁금한 문제가 발생했을 때 어디에다 물어볼까? 정부의 포털사이트보다 '구글' 이나 '네이버' 가 대세일 것이다. 고객은 냉정하다. 더 편하고 품질이 보장되는 서비스, 게다가 가격까지 싸다면 공공성 여부를 떠나 발길을 돌릴 것이다. 정부의 영역, 공공성만이 경쟁력의 우위를 지니던 시간에서 벗어나 진정한 혁신이 필요한 시점이다. 인공지능은 인간의 지능적 사고 및 행동을 모방하는 컴퓨터 프로그램으로 최근 새로운 정보서비스를 창출할 수 있는 신기술로 많은 주목을 받고 있다. 특히, 기존의 산업기술과 ICT를 융·복합화해 새로운 산업을 육성하는 기회로 활용될 수 있어 그 유용성이 점점 커져가고 있다. 무인자동차의 등장, 인공지능 기술을 활용한 로봇의 발전에 따른 서비스의 무한 진화가 기다리고 있다.

지방자치단체는 그 어느 때보다도 생활밀착형 정보서비스의 변화가 예상되고 있다. 무엇보다 CCTV를 활용한 안심귀가, 교통정보, 주·정차 단속 등의 서비스는 물론 무인기기 활용 서비스, 사회 인프라 관리 서비스 등이 이미 반영되고 있거나, 중장기적 차원에서 계획되고 있다. 각 지방자치단체별로 다양한 아이디어를 접목해 생활에 실질적인 도움을 주는 서비스가 경쟁적으로 실행되고 있다. 예를 들면 고령자 농기계 안전운전 서비스, 청각 장애인 생활안전 서비스, 장애인 주차관리 서비스 등이 추진되고 있고, 포천시의 경우는 장애인 주차관리 서비스로 인해 설치지역의 불법 주차율이 68% 감소하는 등의 실제 효과를 부각시키고 있기도 하다. 최근 농가에서 급증하는 농작물 피해 방지를 위해 야생동물을 감지하고 효과적으로 퇴치할 수 있는 무선기기를 개발하고자 하는 지방자치단체도 있다. 통학차량 승하차 시 발생하는 어린이 안전사고를 사전에 예방하고, 승하차 여부 등을 실시간으로 운전자 및 보호자에게 알려 주는 어린이 통학차량 안전관리 기기의 개발 계획. 재난을 사전 예방하고 방지하기 위한 안전 시스템의 반영 등 일일이 열거하기가 어려울 정도로 그 사례는 다양하게 제시되고 있다. 인공지능이 데이터와 만나면서 만들어 내는 세계는 상상을 초월할 정도로 넓고 무궁무진하다. 영국에서도 인공지능 센서를 활용해 가상 횡단보도가 만들어지는 사례가 발표가 되었다. 도로가에 사람들이 모이면 센서가 작동해 횡단보도가 만들어지고 통행이 끝나면 다시 차도로 바뀌는 시스템은 보행자의 편의성을 도모하고 교통의 원활한 흐름을 유도하는 데도 도움이 된다는 점을 강조하고 있다. 이처럼 인공지능을 활용한 우리 생활의 편의 시설은 지속적으로 진화할 것이다.

디지털 기술이 바꾸는 서비스 개념

○ 과거에서 미래로

미래에 다가오는 신기술 기반의 사회는 지금과 전혀 다른 유토피아 세상을 만들어 줄 수 있을까! 그럴 수도 있고 그렇지 않을 수도 있다. 새로운 기술 발전은 우리 삶의 모습에 많은 변화를 주는 것은 사실이다. 이전보다 더 편리해지고, 쓸데없는 동선을 축소시켜주고 굳이 하지 않아도 되는 일들을 줄여줌으로써 시간을 다양하게 활용할 수 있다. 그러나 최근에 주목받고 있는 드론, 인공지능, 사물인터넷(IoT) 기술과 초연결 개념의 구조

속에서 급변하는 생활의 변화양상은 오히려 불안감을 가속화시키고 있다. 그동안 익숙하게 해 왔던 일하는 방식이 바뀌고, 전혀 다뤄보지 않은 일들이 기다리고 있고, 준비하기조차 어려운 일들로 교체될 때 예측 불가능한 상황은 우리로 하여금 종종 불안감을 느끼게 한다.

흥행에 성공한 영화 중 하나인 '미션 임파서블(Mission: Impossible)' 시리즈를 보면 첨단 기기들이 등장한다. 도저히 믿기 어려운 임무를 수행하는데 동원되는 기기들을 보면서 언젠가는 실현 가능한 현실로 다가올 수도 있을 것이라는 기대감을 갖게 하곤 한다. 높은 벽을 기어 올라갈 수 있는 스파이더맨 장갑이나 먼 곳에서도 볼 수 있고 바로 스캔이 가능한 콘텍트 렌즈 등이 실현된다면 우리 실생활의 많은 부분들이 달라질 것이다. 다소 고전에 해당하는 1985년 개봉작 '백 투더 퓨처(Back To The Future)'를 보며 인간의 꿈은 무한대이고 꿈꾸는 대로 실현된다는 가능성을 제공한다.

19세기 말에서 20세기 초 장마르크 코테(Jean-Marc Côté)를 비롯한 프랑스 미술가들이 21세기를 상상해서 묘사한 그림들을 보면 놀라울 정도로 오늘날의 현실을 예측하고 있다. 집안일을 해 주는 청소하는 기계, 전화를 걸면서 영사기를 통해 보는 현재의 화상 휴대 전화기, 집 베란다를 통해 받는 편지는 영락없는 드론과 일치한다. 또한 치수를 재고 바로 맞춤형 옷이 재단되어 나오는 기계는 3D프린팅을 예측한 것은 아니었을까? 이미 200여 년 전에 지금 일어나고 있는 현실을 꿈꾸고 그릴 수 있었던 과거 예술가들의 작품은 단순한 우연의 일치는 아니었을 것이다.

독일은 제조업 경쟁력이 세계 최고 수준임에도 'Industry 4.0'을 통해 제조업의 혁신과 사회 변화를 도모한다. 사물인터넷을 적용해 생산기기와 생산품 간의 정보교환이 가능한 제조업의 완전한 자동 생산 체계를 구축하고 전체 생산 과정을 최적화하는 산업정책으로 제4세대 산업 생산 시스템이라고도 한다. Industry 4.0은 제조업의 완전한 자동 생산 체계 구축, 생산 과정의 최적화를 추구한다. 제조업과 같은 전통 사업에 IT 시스템을 결합해 지능형 공장(smart factory)으로 진화하고, 정보통신기술(ICT)을 이용해 공장의 기계, 장비, 부품들은 상호 정보와 데이터를 자동으로 주고 받을 수 있다. 기계마다 인공지능이 설치돼 모든 작업 과정이 통제되고 사람 없이 수리도 가능하다. 근로자들의 생산 공정의 비중보다는 창의적 기술개발과 혁신이 제조업의 경쟁력을 좌우하는 주요 핵심이다. 저출산 인구감소에 따른 환경변화에도 자체 경쟁력을 유지하고 확보할 수 있도록 대처하고 있다.

일본은 'Society 5.0'을 통해 IT를 접목한 가상공간과 물리적 공간이 고도로 융합된 초스마트한 사회 구현을 위해 청사진을 그리고 있다. 연령, 성별, 장소, 언어의 한계를 뛰어 넘으면서 필요한 제품, 서비스를 원하는 시간에 필요한 만큼 공급받아 만족스럽고 편안한 생활을 영위할 수 있는 사회적 상태를 지향한다. 일본 역시 장기적인 인구 감소와 산업경쟁력 약화 등 사회경제적 문제해결의 해법을 Connected Industries에서 찾고 있다. 기존 제조업의 강점을 살려 기술 주도권을 잡고, 제조업 혁신을 통해 새로운 부흥을 시도하고 있다. 일본정부는 이상적인 사회 상태를 지향하는 'Society 5.0'이라는 용어를 사용하며 새로운 사회가치 등을 반영하고자 노력한다. 최첨단 ICT를 활용해 '지방', '고령자', '인구' 등의 전통적이면서 축소되는 가치를 새롭게 활성화시키고 삶을 부활시키는 계획을 주도하고 있는 것이다. 일본국립정책연구대학원 아쓰시 수나미(須波 淳) 부총장은 "일본의 저출산 문제와 함께 지방에서 더욱 심각한 고령화 문제가 벌어지고 있어, 지방소멸 문제로 이어지는 일본의 경우 산간 지방에서 고령자를 위해 자율주행차를 어떻게 활용할 수 있을지, 드론과 로봇 등을 통해 고령자가 어떻게 육체노동에 참여할 수 있을지 등에 초점을 두고 4차 산업혁명 기술이 적용되고 있다"고 한다(이코노미조선, 2017.12.4.; IBK기업은행 경제연구소, 2018.5.11.).

미국에서 화두인 디지털 트랜스포메이션(digital transformation)은 디지털 패러다임에 따른 기업의 경영 전략적 관점에서 조직, 프로세스, 비즈니스 모델, 커뮤니케이션의 근본적 변화에 중점을 두고 개진된다. 작게는 기업의 조직구조, 문화, 상품 등의 질적 변화를 유도하고, 궁극적으로는 사회와 국가의 질적 변화를 의미한다. 가트너 리서치(Gartner Research)의 앤디 로우셀 존스(Andy Rowsell-Jones) 부사장은 디지털 트랜스포메이션의 진화 단계가 상상단계(Imagine)에서 촉진단계(Drive)를 지나 구축단계(Build)에 들어섰다고 진단했다(조선일보, 2017.3.3.). 앞으로 모든 것이 디지털로 변화하면서 새로운 비즈니스 모델이 등장하고 산업간 경계가 무너지며 경쟁의 강도가 점점 높아짐에 따라 전통적인 방식의 경영 전략과 비즈니스 모델로는 생존이 어려움을 강조한다. 가트너 조사에 따르면, 매출

액이나 영업이익 등 실적이 좋은 글로벌 상위 기업들(Top Performers) 171곳 중 79%가 디지털 생태계에 참여하고 있다. 오래된 용어인 디지털을 중심으로 새로운 생태계 변화가 이루어지고 있다. 즉, 전통적 IT와 신속한 IT가 만나 최적의 타이밍에 상품을 시장에 선보이는 가치를 높이고자 하는 점에 주목한다.

세계 최대 온라인 게임 기업이자 중국 최대 소셜네트워크서비스 기업인 텐센트(Tencent Holdings Limited)는 아시아 최고 기업가치(약 380조 원)의 자리를 차지했다. 약 9억 명의 사용자를 거느리고 있는 텐센트는 중국 대륙 전체를 클라우드(cloud) 공간으로 옮겨 놓았고, 중국 인민의 디지털 라이프스타일을 세계에서 가장 선진적인 수준으로 올려 놓고 있다고 해도 과언이 아니다. 중국의 도시인들은 텐센트의 생태계를 벗어나서는 살아갈 수 없는 경지에 이르렀다고 한다. 미디어, 컨텐츠, 게임, 상거래 등 텐센트의 손길이 닿지 않는 곳이 없기 때문이다. 아침에 눈을 뜨면 텐센트의 메신저 서비스 위챗(微信)을 통해 개인화되어 추천되는 뉴스를 읽고, 중국판 우버인 디디추싱(弟弟出行)의 앱을 이용해 택시를 잡는다. 저녁식사는 디엔핑(点评)으로, 영화는 웨이피아오(微票)로 예약한다. 이른바 범 텐센트 생태계의 서비스가 구축되어 있음을 알 수 있다. 미국의 구글, 페이스북, 아마존, 우버, 에어비앤비 등 기업들의 영향력을 합친 것과 맞먹는 중국의 텐센트는 금융, 의료, 공공서비스까지 더해져 가히 최대 덩치를 자랑하고 있다. 다른 어느 국가도 상상할 수 없는 혁신적 그림을 중국은 그려 나가고 있다.

중국 길거리를 걷다 보면 노점상, 자전거, 심지어 간이 안마의자까지도 QR 코드 인식을 통해 간편히 계산을 끝내는 모습이 일상화되어 있다. 모두의 손에는 지갑이 아닌 스마트폰을 들고 있다. 텐센트와 알리바바가 경쟁적으로 도입시킨 QR 코드 인식을 통한 모바일 간편 결재는 이미 송금, 투자, 심지어 팁과 길거리 구걸에 이르기까지 광범위하게 적용된다. 이제 중국은 일상생활 모든 부분에서 스마트폰 앱서비스를 통해서 온라인과 연결되었고, 오프라인의 효율성을 최대화한 서비스 강국을 지향한다.

중국은 인프라가 미흡한 오프라인을 넘어서 바로 온라인으로 뛰어넘어 해답을 찾고자 했으며, 온라인에서 체감하는 편리함에 대한 기대와 신용카드 보급의 한계를 스마트폰을 활용한 QR 코드 간편 결재로 대체하였다. 중국 정부는 지난 2015년 '인터넷플러스(互联网+)'를 시진핑 정권의 중점 경제성장 모델로 설정하고 중국 대륙을 디지털화하는데 박차를 가했다. '인터넷플러스'는 신기술을 통한 온라인과 오프라인을 융합시키는 새로운 개척자로서의 가능성을 열어주고 있다.[01] 중국의 비약적인 발전에 숨은 공로 역할 중 하나는 정부의 과감한 방향성과 적극적 지원의지도 한 몫하고 있다는 점이다.

'Industry 4.0', 'Society 5.0', '디지털 트랜스포메이션', '인터넷플러스'와 우리나라의 '4차 산업혁명' 모두 현실적으로 안고 있는 사회문

---

[01] 대외경제정책연구원 중국전문가 포럼 정리

제의 해결과정에서 한 단계 더 나아가 적극적인 문제 해결기제로 활용되고 있다는 공통점이 있다. 지능정보 기반의 신기술 패러다임은 스피드와 유연성을 전제로 한다. 어느 날 갑자기 나타난 개념이 아닌 우리 사회 안에 담겨진 욕망과 호기심, 문제해결을 위한 적극적 의지가 미래의 그림을 그리게 하고 꿈꾸며 현실화 시키는 과정에 우리는 여전히 서 있음을 본다.

좀 더 지능화되기

자율주행차는 우리 생활을 어떻게 바꿀까? 차 스스로 사람보다 더 우수한 운전 능력을 갖추게 되면서 사람들은 차를 소유하려 하지 않을 것이며, 굳이 사무실에서 가까운 곳에서 살려 하지도 않을 것이라고 예상한다. 미국 도시 생활 기준으로 하루 50분의 운전 시간을 자기 시간으로 만들 수 있다. 자율주행 승용차와 트럭, 무인항공 택배 등이 출퇴근과 업무, 쇼핑 방식을 크게 바꿀 것이라는 예측이 대세이며 드론도 이미 가세하고 있다. 홈서비스 영역에선 짐을 운반하고 사무실을 청소하고 보안을 담당하는 전문 로봇의 등장이 예측된다. 머지않아 로봇 도우미를 어느 가정에서나 쉽게 볼 수 있을 것이다. 보건 영역에선 인공지능 기반 제품과 서비스들이 몇 년 내에 수백만 명의 삶의 질을 개선시켜 줄 것으로 기대하고 있다. 교육 영역에선 인공지능에 의한 개인 맞춤형 교육이 부상하고, 온라인 교육이 정규교육 과정에 편입될 것이라는 예견도 흔히 들을 수 있는 내용이다. 공공안전·보안 영역에서 인공지능 활약이 가장 기대되고 있으며, 감시용 카메라와 드론 등은 치안유지 활동에 많은 역할을 하게 될 것이다. 보험회사의 보험서비스도 더 이상 기존 상품을 기반으로 하기 어렵다고 한다. 인간의 수명을 예측해 개인별 맞춤형 보험 상품을 개발 및 판매하는 등 가히 고품질 서비스가 지속적으로 다양하게 개발될 것이다. 이러한 모든 기능이 가치를 발휘할 수 있게 하는 힘의 원천은 데이터다. 민간 기업은 데이터를 기반으로 서비스의 영역을 재구성하고 있다. 세계적 기업인 미국의 아마존, 구글, 페이스북, 중국의 인터넷 기업인 알리바바닷컴, 텐센트 등도 데이터 센터를 구축하는데 투자를 아끼지 않는다. 특히 아마존(Amazon)은 데이터를 통해 새로운 비즈니스 영역의 창출을 시도하고 있다.

데이터 시장에서 공공 부문과 민간 부문은 어떻게 상생할 수 있을까? 규제를 기반으로 하는 공공데이터와 시장의 기능을 강조하는 데이터는 그 기능과 역할에 차이가 있을 것이다. 그러나 공공서비스가 과감한 변화와 미래 고객을 대비하지 않으면 공공성의 영역은 축소될 수밖에 없을 것이다. 데이터 기반의 인공지능은 때론 우리의 일자리를 빼앗아 갈 것이라는 불안감을 주지만, 한편에서는 잘만 활용하면 인간의 편향성을 피할 수 있게 해준다는 해석도 있다. 사람이 중심이 되는 지능정보화 사회에서 고객의 가치를 우선하는 공공서비스의 재편이 시급하다. 고도화된 기술도 결국은 사람을 위해 존재한다.

○ 맞춤형 서비스가 만들어지기까지는

　세계적으로 백년 이상의 역사를 가진 장수기업을 보면 일본이 압도적으로 많다. 100년 이상인 기업이 무려 5만 개가 넘는다고 한다. 한국은행의 조사(2020년 발표)에 의하면 200년 이상의 장수기업은 일본이 3,146개사로 가장 많고 다음으로 독일이 837개사, 네덜란드는 222개사, 프랑스가 196개사라고 한다. 이탈리아에도 100여 개의 기업이 있으며, 세계에서 가장 오래된 10대 기업 가운데 이탈리아 기업이 무려 6개나 된다고 한다. 이렇게 장수하는 기업의 특징은 무엇인가? 독일의 약 170여 년 된 지멘스(SIEMENS)의 세드릭 나이케(Cedrik Neike) 부회장은 가장 오래된 기업 200개를 중심으로 살펴본 결과 이들의 공통점은 지속적인 기업합병(Mergers & Acquisitions: M&A)을 통해 신 시장을 개척하고 있다는 점을 들고 있다(TED 홈페이지). 시장개척은 방향성을 설정한다는 점에서 중요한 의의를 갖고 있으며, 동시에 내부혁신을 동반하지 않으면 안 된다는 점을 강조하고 있다.

　최근 인공지능 기술의 접목에 따라 기업들의 생산 공정이 빠르게 변화를 수용하고 있음을 여러 사례들을 통해 접할 수 있다. 자동차 회사인 독일 BMW는 고객에게 선택권을 주고 생산 단계에서부터 고객이 원하는 대로 맞춤형 제작을 시도하고 있다. 완성된 차를 선택하고 구매가 이루어지는 과정에서 벗어나 원하는 색상과 디자인을 고르면 이를 적용하고 3D프린팅 기술을 활용해 기존과 차별화된 고객지향 관점을 바로 접목하고 있다. 독일의 유명한 아디다스(ADIDAS)사도 신발을 구매하고자 하는 고객의 발을 스캐닝하고 색상을 선택한 후 맞춤형 제작 공정을 통해 고객이 원하는 대로 생산 지원이 이루어지고 있다. 산업사회의 소품종 대량 생산에서 정보사회의 다품종 소량 생산이 강조되었다면, 지능정보 기반의 4차 산업혁명 사회는 대량 생산 공정을 통해 맞춤형 생산이 가능하고 빠른 속도와 선택의 기회를 확대하고 있다는 점을 주목해야 한다. 특히 공간의 범위를 넘어서서 세계 여러 나라에서도 주문을 받아 맞춤화된 생산이 가능하게 하는 디지털 트윈(digital twin) 모델은 혁신 모델로 전파되고 있다.

혁신과 변화는 삶의 질을 개선하는데 목적이 있는 것이다. 신기술로 인해 사람이 해야 할 일자리가 부족해지고 인간의 활동이 쇠락하는 것을 의미하지는 않는다. 4차 산업혁명 사회의 흐름 속에서 인력 활용이 느슨해지기보다는 고급 인력의 중요함이 부각되고 고지능으로 역할 전환이 되는 점을 더 주목해야 할 것이다. 기업의 끊임없는 변신이 장수기업을 만들 듯이 대학도 지속적 혁신이 필요하다. 새로운 기술 패러다임은 노동 인력의 최소화가 전제된다고 할 때 미래 환경을 대비하는 산학 생태계의 새 판도 함께 해야 할 것이다.

○ **도시를 변화시키는 힘**

이제는 세계 어느 나라를 가더라도 크게 불편함을 느끼지 않을 정도로 다양한 서비스가 보편화되고 있다. 휴대폰을 통해 간편한 예약이 가능하다 보니 생소한 지역임에도 별로 어려움 없이 여행이 가능하다. 공항에서 차를 렌트하고 차량의 네비게이션 박스에 휴대폰과 연결선을 끼어서 구글맵을 이용해 목적지까지 아주 편리하게 이동하는 일이 낯설지 않다. 데이터만 확보되면 서울에서 활동하던 때와 전혀 차이를 느끼지 못할 만큼 유사한 상황이 주어짐을 볼 때 지구촌이 더욱 더 좁아지고 있음을 실감하는 경험을 할 것이다.

미국 북서부에 위치한 워싱턴주(Washington State)의 인구는 2017년 기준 약 740만 명으로, 꾸준히 인구가 증가하는 지역이다. 다른 주에서의 이주, 외국이민자 유입 등 여러 가지 이유가 있겠지만 인구감소로 심각한 상황에 직면한 우리 입장에서는 여러 사례를 눈여겨 볼 필요가 있다. 미국 연방센서스 발표에 의하면 시애틀시(Seattle City)의 인구는 미국 50개 대도시 중 네 번째로 높은 증가율을 보여주고 있다. 가장 큰 요인으로 아마존닷컴(amazon.com)등 하이테크 기업들의 고용 증가에 따라 인구 증가도 가속되고 있다고 한다. 시애틀시의 인구는 약 68만 4천여 명으로 미국 전역 18위에 해당된다. 인구가 증가한다는 사실은 지방자치단체장 입장에서는 긍정적 신호이다. 사람을 모으는 일이 어디서든 가장 어려운 일 중 하나이고, 우리처럼 인구감소로 인한 지역의 위기감이 급증하는 상황에서는 특히 사람이 몰려 온다는 점은 분명 반가운 일일 것이다.

글로벌 기업이 번성하는 미국 시애틀은 매력 만점의 도시다. 공기 좋고 바다를 낀 호수가 곳곳에 있어 운치를 더해 준다. 1993년에 개봉되었던 '시애틀의 잠 못 이루는 밤(*Sleepless In Seattle*)'으로 많은 사람들의 뇌리에 각인되기도 한 곳이다. 시애틀이 아름다운 이유는 여러 가지가 있겠지만, 무엇보다 우리에게 친숙한 마이크로소프트사와 아마존 본사가 있는 지역으로도 유명하다. 중심가에 있는 'Amazon go'는 실험적 마켓을 운영한 곳이다. 휴대폰에 아마존앱을 다운받고 스캔해서 매장으로 들어가 상품 진열대에서 물건을 고른다. 오렌지 쥬스 하나를 들고 밖으로 나와 휴대폰을 보면 계산된 비용의 내용이 올라와 있다. 작은 동네 책방에서 시작해 시가총액 1조 달러(약 1138조 원)를 넘나드는 초우량 기업으로 급성장을 한 아마존은 시애틀에서 만들어진 신화이기도 하다.

Digital Transformation
and Public Services

디지털 전환과 공공서비스

02

Digital Transformation and Public Services

공공서비스와 디지털 혁신

DIGITAL

디지털정부에서 플랫폼정부로의 변화와 발전

스마트 기술의 동향

행정안전부와 한국지능정보사회진흥원(NIA)은 지난 2019년 지능형 정부를 구현하고 새로운 가치를 창출할 수 있는 전자정부 10대 유망 기술을 선정해 발표했다. 다음 표에서와 같이 인공지능(AI), 사물인터넷(IoT), 클라우드(Cloud), 데이터(Data), 정보보안(Security), 기타 신기술로 유형화

<전자정부 10대 유망 기술>

구분	2017년	2018년	2019년
AI	강력해진 인공지능	대화형 인공지능 플랫폼	감성 인공지능
	상황인지 로보틱스		
IoT	사물인터넷 트랜스포메이션	스마트시티 사물인터넷	반응형 사물인터넷
Cloud	멀티 클라우드	클라우드 플랫폼	멀티 클라우드
Data	빅데이터와 니치 데이터	온디맨드 빅데이터	비정형 데이터 분석
Security	지능형 보안 아키텍처	지능형 자동보안	인공지능 자동보안
		비접촉 생체인식	
기타 신기술	가상현실과 증강현실	혼합현실	확장현실
	블록체인	블록체인 네트워크	블록체인 플랫폼
	차세대 이동통신 5G	초고속 5G	5G 인프라
	스마트시티 그리드	공공 멀티드론	엣지컴퓨팅
			인공지능 윤리

출처: 행정안전부·한국지능정보사회진흥원(2019. 2.).

해 각 영역의 핵심기술을 제시하고 있다. 최근 추이를 보더라도 기술변화의 흐름을 알 수 있게 해 주며, 특히 블록체인 기술은 매년 등장하고 있어 전자정부의 핵심 요소로 접목이 되고 있다.

행정안전부는 당시 지능형 정부를 주도한 세 가지 서비스 분야로 '알아서 챙겨주는 지능형(Intelligent) 서비스', '디지털로 만드는 스마트한(Smart) 업무환경', '사각지대 없는 촘촘한(Mesh) 보안과 인프라(기반)' 등을 꼽고 있다. 특히 사각지대 없는 촘촘한 보안과 인프라 기술에 블록체인 플랫폼과 인공지능 자동 보안 및 5G 기반 시설을 포함해 제시하고 있다. 이러한 기술을 통해 국민에게 좀 더 빨리 서비스를 제공하고 보안을 강화해 신뢰받는 지능형 서비스를 제공하는 정부의 역할을 강조하고 있다. 특히 블록체인 기술은 데이터 및 정보를 안전하고 효율적으로 관리하는 수단으로 활용하며, 블록체인 플랫폼을 통해 전자정부 서비스 지원 기반을 구축하는데 주력하고자 함을 알 수 있다.

지능정보 기술 패러다임의 전환과 데이터 거버넌스

지능정보 기술이 주류가 되는 사회는 네트워킹을 기반으로 인간의 생활양식과 가치관에 거대한 변화를 일으키는 사회적 패러다임의 진화를 의미한다. '기기 간 네트워킹'의 기술적 연결을 바탕으로 '사람-사물-정보 간 실시간 상호작용'이 가능한, 즉 사회적 연결이 극대화되는 사회이다. 인간을 둘러싼 다양한 환경 요소들이 상호 간 연결됨으로써 시공간적 제약을 극복하고 새로운 성장의 기회와 가치의 창출이 가능하다는 점이 부각된다.

초연결 사회는 지능적이고 혁신적인 서비스를 바탕으로 인간 중심의 사회 변화를 선도하고, IT 기술의 비약적 발전을 바탕으로 인간 대 인간은 물론, 기기와 사물 같은 무생물 객체끼리도 상호 유기적인 소통이 가능해지는 혁신적인 사회로의 전이를 가속시키고 있다. IT를 통해 진화하는 인간의 욕구와 사회적 요구에 부응하며 더 나은 미래를 실현하고자 한다.

지능정보 기술의 패러다임

5세대(5Generation) 이동통신은 기존의 4세대 LTE(long term evolution)에 이은 차세대 통신 기술을 의미한다. 5세대 이동통신은 최고 전송 속도가 초당 1기가비트(Gbps) 수준으로 초고화질 영상이나 3D 입체영상, 360도 동영상, 홀로그램 등 대용량 데이터 전송에 필수적이다. 특히 사람 이외에 주변의 물건, 자동차 등의 사물을 대상으로 하는 사물인터넷을 의미하며, 기가급 네트워크의 효율적 제공으로 기기(Device)들이 5G 네트워크를 통해 연결되어 초고속, 대용량, 초연결, 초실시간의 서비스가 가능해 이전과는 다른 새로운 가치를 제공할 수 있게 된다. 통신업체의 예측은 5G에서는 최소한 4G보다 10배쯤 더 빨라질 것으로 전망하고, 특히 5G

이동통신의 보급은 자율주행, 자동차 산업에서 가장 큰 기대가 모아지고 있다. 또한 원격 외과수술 시 기존에는 시차 발생의 간극으로 인한 위험성이 내포 되었으나 5G 시대로 접어들면서 이러한 지연의 위기가 확 줄어들게 된다는 점도 빼놓을 수 없는 장점으로 강조된다.

KT경제경영연구소는 5G 가이드북을 통해 5G 기술의 혁신 사례로 커넥티드카, 스마트 팩토리, 실감 미디어, 관광, 물류와 유통, 재난관리, 공공안전의 7개 분야를 제시하고 있다(KT경제경영연구소, 2019.4.). 5G는 산업의 인프라로서 새로운 기술들이 순차적으로 개발되면서 우리 생활에도 많은 변화를 줄 것으로 예측된다. 드론을 통해 물건을 배송 받고, 인공지능 로봇에게 수술을 받거나 자율주행차로 목적지에 이동하는 등의 변화도 상상이 아닌 현실로 나타날 것이라고 보고 있다. 그동안 꿈꿔 왔던 일들이 실제 5G 이동통신 기술을 통해 실현가능해 지는 것이다.

5세대 이동통신이 당장 우리 생활의 많은 부분을 바꾸지는 못하겠지만 인공지능, 사물인터넷을 통해 생활서비스를 좀 더 다양하게 누릴 수 있음은 확실할 것이다.

초연결 사회는 네트워킹을 기반으로 인간의 생활양식과 가치관에 거대한 변화를 일으키는 사회적 패러다임의 진화를 의미한다. '기기 간 네트워킹'의 기술적 연결을 바탕으로 '사람-사물-정보 간 실시간적 상호작용', 즉 사회적 연결이 극대화되는 사회다. 사물인터넷, 상황인식, 센서, 인공지능 등 기술 발달로 IT가 지능화되면서 인간의 감정과 상황을 읽고 인간 중심 서비스를 제공하는 것이 가능하게 됨을 강조하고 있다. 인간을 둘러싼 다양한 환경 요소들이 상호 간 연결됨으로써 시공간적 제약을 극복하고 새로운 성장의 기회와 가치의 창출이 가능하다는 점이 부각된다. 특히 지능적이고 혁신적인 서비스를 바탕으로 인간중심의 사회 변화를 선도한다고 본다.

IT 기술의 비약적 발전을 바탕으로 인간 대 인간은 물론, 기기와 사물 같은 무생물 객체끼리도 상호 유기적인 소통이 가능해지는 혁신적인 사회로의 전이를 가속시키고 있다. 초연결 사회의 궁극적 목표는 IT를 통해 진화하는 인간의 욕구와 사회적 요구에 부응하며 더 나은 미래를 실현하고자 한다. 다양한 기술의 발전은 사회 패러다임을 변화시키는 원동력이 되고 있다. 시대별로 사회적 가치가 변화함에 따라 인간의 욕구는 좀 더 인간 중심적이고 수준 높은 생활을 영위하는 방향으로 진화하고 있다.

지능화된 사물과 서비스의 등장으로 인위적인 조작이나 제어 없이 사용자 중심의 편리하고 쾌적한 생활이 실현될 것으로 예상되며 동시에 우려도 표명되고 있다. 초연결 사회는 그래서 더욱 더 소통과 공유를 통한 초협력 사회를 강조한다.

○ **사물인터넷을 통한 서비스**

사물인터넷(Internet of Things: IoT)은 기존의 사물통신(Machine to Machine: M2M)이 기기(device) 중심의 하드웨어적 접근이었다면, 사물인터넷은 솔루션 중심의 서비스 지향적인 접근이라 할 수 있다. 사물인터넷의 개념은 이동통신망을 이용해 사람과 사물, 사물과 사물 간 지능통신을 할 수 있는 사물 통신 개념을 인터넷으로 확장해 사물은 물론, 현실과 가상 세계의 모든 정보와 상호작용하는 개념으로 진화했다. 인간과 사물, 서비스 등 분산된 구성 요소들 간에 인위적인 개입 없이 상호 협력적으로 센싱(sensing), 네트워킹, 정보 교환 및 처리 등의 지능적 관계를 형성한다. 즉, 사물 공간 연결망, 연결의 대상이 인간에서 사물, 공간, 자연에 이르기까지 광범위하게 확장되며, 정보의 수집도 직접 입력에서 센싱의 개념으로 변화되고 있다. 초고속 이동통신, 고감도 센서, 빅데이터 처리 등 3대 핵심 기술의 발전과 가격의 저렴화로 인해 사물인터넷 시대가 이미 가속화 되고 있다. 현재 우리 주변에서 흔히 사용하고 있는 IoT 서비스의 예를 들면 RFID 방식의 교통카드, 편의점에서 가격 정보를 읽는 바코드, 택배 배송 추적, ATM 기기, 내비게이션 등과 산업현장에서 교량·댐 안전관리, 공장·설비 관리 등 다양한 분야에서 사용되고 있음을 볼 수 있다. 사물인터넷은 초연결 사회를 실현해 주는 주요 기술로 우리 주변에 이미 저변화 되어 있다.

    ICT 메가트렌드는 사물통신(M2M)과 인터넷의 만남으로 사물인터넷(IoT) 환경이 성숙되고, 클라우드와 빅데이터의 스마트화로 이어지면서 프로세스와 시스템 혁신을 가져올 것을 예측했다. 지리정보(GIS)·위치정보(LBS)·위성정보(GPS) 등과 같은 지리적 공간과 인터넷 간의 연결성이 심화되면서 우리의 생활공간은 새로운 가치가 지속적으로 창출될 것이다. 또한 사람-사물-공간이라는 이질적 요소들 간의 초연결성을 통해 만물인터넷(Internet of Everything: IoE) 생태계가 구축될 것이라고 사회학자들은 예측하고 있다. 만물인터넷의 핵심 요소로는 빅데이터, 사물통신(M2M), IoT, 가상화, 웹 애플리케이션, 공간인터넷 등을 들고 있는데, 이들은 사람-사물-공간을 더욱 치밀하게 연결함으로써 만물인터넷 생태계를 구축할 것으로 전망된다. 현재 무선 인터넷의 비약적인 사용율과 5G의 빠른 속도는 이러한 초연결 생태계 기반에서 선점효과를 고려해 치열한 경쟁이 이어질 것으로 예상되고 있다.

인프라의 힘

지난 2019년 강원도 고성-속초에서 발생한 산불 진화 작업과 관련해 SNS에 올라온 글이 있었다. 신기술을 토대로 협업체계가 잘 조화를 이루어 재난의 피해를 최소화 시킨 재난 거버넌스에 관한 분석이었는데 공유 횟수가 상당히 높았고 많은 사람들의 공감을 모았다.

요약해 보면 산불이 잦았던 강원도는 문화재의 손실과 많은 인명피해가 있었지만 2019년에는 신속하게 진화되었고 상대적으로 피해는 경미했다. 이유는 이전과 달리 좀 더 체계적인 대응 방식의 변화에 있음을 알 수 있었다. 첫째, 서울양양고속도로를 이용해 전국의 모든 소방, 방재 장비가 빠르게 강원도로 집결해 단시간 내에 최대한 많은 소방력을 투입할 수 있었다는 점, 둘째, 화학 소방차로 유명한 '로젠바우어 판터' 신형 장비의 투입으로 소방인력의 생명도 지켜낼 수 있었다는 점, 셋째, 중앙정부와 유기적으로 협력한 군의 신속한 전개로 장병, 군 헬기 및 군 보유 소방차를 투입하고 재해지역 주민들에게 전투식량 등을 동원한 점, 넷째, 산불 지역에는 다수의 사찰이 포함되어 있었는데 문화재청은 화재가 발생하는 즉시 보광사[02]에서 현왕도를 안전하게 타 지역으로 이송해 혹시나 모를 소실 피해를 막았고, 실제로 이번 화재로 인해 속초 보광사는 부속 건물 두 채가 전소하는 피해를 입었으나 문화재 피해는 없었다는 점, 다섯째, 잘 알려지지 않은 사실인데, 이번 고성-속초 산불의 발화지 근처에는 화약 저장고가 있었고 발화지점으로부터 고작 7km 떨어진 곳이었는데 경찰이 화약고의 화약을 인근 경찰서로 수송해 놓아 대형 사고를 예방한 점, 여섯째, 초기 신고자의 노력도 매우 중요한데 최초 화재 발화지점의 신고자는 즉시 차량에서 소화기를 꺼내 초기 진화를 시도했으며 바로 소방서에도 신고해 화재 골든타임 이내인 3분 만에 초기 진화가 시도 되었다는 점을 들고 있다. 단지 당시 영동 지역의 강풍이 시속 100km 에 이르렀던 데다가 날씨가 지나치게 건조했던 탓에 사람의 힘으로 어쩔 수 없었던 상황이었다. 자연재난은 예측하기 어려운 상황에서 닥치게 되는데 신속한 초동 대처와 기존의 인프라 구축을 통해 피해를 최소화할 수 있음을 확인하게 해주는 좋은 사례였다.

    지능정보 기술의 진화와 발전은 우리 생활에 많은 변화를 주고 편리함

---

02   속초의 보광사(강원 문화재자료 제173호 현왕도 보유).

을 제공해 준다. 뿐만 아니라 예측하기 어려운 재난재해의 사전 예방효과를 높이기 위해 기대하는 바가 크다. 최근 대학생들의 체험 프로젝트 중 재난발생 시 대피하는 훈련 과정을 증강현실을 통해 직접 경험해 보고 학습하는 프로그램이 인기가 있다. 다양한 아이디어를 구상해서 새로운 상황에서의 체험 프로그램을 다원화시켜 개발할 수 있다. 교육도 이전보다 더 창의적이고 체험을 통해 여러 상황에서 위기를 돌파해 내는 역량도 강화될 수 있을 것이다. 지능정보 기술은 기술로만 남는 것이 아니라 어떻게 사용하는가에 따라 서비스 영역을 무한대로 만들어 갈 수 있다. 5세대 이동통신(5G)과 사물인터넷(IOT)을 활용한 재난 예방 프로그램에 거는 기대가 크다.

○ 디지털 플랫폼의 의미

플랫폼(platform)은 온라인에서 생산·소비·유통이 이루어지는 장으로서 생산자와 소비자 간 연결과 상호작용을 통해 무한한 가치를 창조하는 시스템을 의미한다. 새로운 비즈니스 모델로 주목을 받고 있는데, 특히 기업은 인터넷 검색 엔진을 시작으로 콘텐츠와 스트리밍 서비스, 핀테크 등 산업 분야의 영역을 확장해 나가고 있다. 정부도 전자정부를 추진하는 과정에서 정부행정과 민원의 전자화, 온라인화 단계를 넘어 '플랫폼 기반의 공공서비스 최적화'를 구축하고 있다. 플랫폼정부는 정보, 소통, 서비스를 중심으로 생성되는 데이터의 분석과 활용, 공공정보의 전면적 개방과 공유를 통한 새로운 장으로서의 역할이 강조되었다.

'디지털플랫폼정부'는 다양한 이해관계자들이 자유롭게 참여하고 원하는 공공정보를 활용해 새로운 가치를 창출할 수 있는 열린 장을 담고 있다. 지역의 관점에서도 플랫폼은 다양한 지역의 가치가 만나 기존의 문제를 해결할 수 있는 장으로서 접근이 필요하다. 지역 균형 발전 주제는 지속되고 있는 화두이면서 단기간에 해결이 쉽지 않은 과제이기도 하다. 사회·환경의 복잡한 구조와 변화는 지역의 생태계를 끊임없이 변화시키고 있다. 이에 디지털 플랫폼을 통한 지역 균형 발전의 새로운 시도도 모색해 볼 수 있다는 점에서 주목을 받았다.

○ 디지털 플랫폼 전환

우리가 일상적으로 접하는 소셜 플랫폼인 페이스북, 인스타그램, 블로그 등의 시작은 그리 길지 않다. 전 세계인들과 소통하고 원하는 정보를 단숨에 볼 수 있고, 키워드 하나로 모든 검색이 가능한 세상은 플랫폼의 영역을 확장시키고 있다. 컴퓨터와 웹기반의 등장 이후 카페, 유투브, 블로그 등이 유행했고, 이를 기반으로 하는 소통의 양식이 이전과 다른 방식으로 전환되는 과정을 체험했다. 2009년 아이폰의 출시는 소셜 미디어 시대의 시작을 알리는 계기가 되었다. 소비자가 정보의 생산과 확산에 적극적으로 참여하게 되면서 '관계 기반의 커뮤니케이션'이 강화되었고, 소셜 채널들은 점차 마케팅 캠페인의 수단으로서 역할을 확장해 나가는 모습을 보여주었다.

SNS(social networking service)가 활성화 되면서 단순한 소통을 넘어 앱 기반의 접근성을 통한 맞춤형 서비스로 연계되고 있다. 플랫폼은 참여자 상호 간에 새로운 가치와 혜택을 제공해 줄 수 있는 상생의 생태계를 의미한다. 동시에 여러 이해관계자들이 상호 연결과 연계를 통해 부가가치를 창출할 수 있다는 점에서 다방면의 활용 가능성에 대한 기대가 높다.

디지털 플랫폼은 나아가 빅데이터와 AI 기술을 활용해 선제적 예견을 통한 대처와 데이터 기반의 의사결정을 반영하고자 국정 전반의 운영원리로 논의가 이루어지고 있다. 특히 새 정부의 선거 공약인 '디지털플랫폼정부'에서는 정부의 각 기관 사이트들을 하나로 통합해 모든 정보와 민원을 처리할 수 있는 원사이트 통합서비스를 제공하는 내용을 제안하고 있다.

전자정부 기반의 공공서비스 지원체계는 지역정보화의 지속적인 확산효과를 제고했고, 무엇보다 지역주민의 생활밀착형 서비스 개선을 통한 삶의 질 향상을 위해 다각적인 접근과 시도가 이어져 왔다. 디지털 플랫폼은 정부차원에서 원스톱 서비스의 새로운 보강이면서 동시에 서비스 중심의 IT 산업의 생태계 변화를 담고 있다. 나아가 지역차원의 공간개념을 확장하여 문제해결의 역량을 담기 위한 새로운 기제로서 역할도 기대해 볼 수 있다. 무엇보다 디지털 플랫폼에 기반한 미래 지향적 활동과 지역 학생의 교육복지를 위한 AI, 메타버스 등 정보통신(ICT) 기술교육, 지역경제 활성화를 위한 유관 이해관계자의 협력의 장으로서 활용가치를 높일 수 있다.

○ **디지털 플랫폼의 가치**

플랫폼정부는 팀 오라일리(Tim O'Reilly)의 "정부가 스스로 플랫폼이 되어야 한다"라는 정부 2.0을 실현하는 정부 형태를 주장하면서 관심을 끌었고 이후 개념 정의가 이루어졌다. 플랫폼정부는 공공정보(open data)의 제공자로서 정부와 시민의 참여를 독려하는 정부, 산업플랫폼 촉진자로서의 정부를 제안한다. 특히 정부는 국민에게 공공정보의 개방과 플랫폼을 제공하는 역할에 주력할 것을 강조했다.

기존의 전자정부가 온라인화를 통한 내부 효율성을 강조했다면, 최근에는 다양한 고객의 요구와 이를 수용하기 위한 새로운 일 처리 방식의 개선으로 전환이 이루어지고 있다. 즉, 부처 간 협력과 민·관 거버넌스, 국민 참여 및 정부의 일하는 방식 등의 새로운 기능 변화가 요구된다. 따라서 플랫폼정부의 실효성을 높이기 위한 단계별 전환과 성장이 가속되고 있다. 초기 단계에서는 공공정보의 개방 및 공유를 통해 정부의 정보를 민간과 공유하고, 민간이 정부의 기능을 대신 수행할 수 있게 되는 확장성의 시각과 접근이 시도되었다. 정부는 서비스를 창출하고 민간은 그

서비스를 전달하는 등 역할 분담이 다원화되는 가능성을 높여 주었다. 이는 플랫폼형 정부로의 발전이 빠르게 진전되는 기제이며, 무엇보다 개방형 네트워크 구축을 통해 변화를 유도하는 점이 특징이다.

디지털 사회에서 공공서비스의 제공은 효율성을 높이는데 주력하며, 특히 복잡한 이해관계자의 요구가 반영되는 과정에서 상호 다양한 역할의 전환이 가능해지도록 플랫폼정부의 작동이 가속되고 있다. 이전의 정부는 기관별로 개별적인 서비스를 국민에게 제공하고 국민은 개별적인 정부 기관에 접근하는 형태였다. 그러나 기관 간 데이터 공유와 협업의 상승효과는 제공되었던 개별적 서비스가 새로운 서비스를 창출하면서 더욱 높은 수준의 정보 가치를 누릴 수 있다는 점에서 의의가 크다. 이와 함께 플랫폼의 확장성 강화와 국민에게 유용한 서비스를 제공해 주는 거버넌스 생태계 구축이 중요하다. 이제는 국민이 직접 참여해 정책을 제안하고 서비스의 발굴과 제공이 한 장소에서 이루어질 수 있는 시대이다.

플랫폼정부의 완성도를 높이기 위한 첫째 조건은 데이터의 공개와 공유이다. 정부 각 부처에서 생성되는 데이터의 공개와 공유는 협업을 진척시킬 수 있는 주요 요소이다. 민간 기업과 정부가 협력해 데이터 산업 활성화를 위한 노력이 필요하며, 생태계 확장을 위한 과감한 접근이 요구된다.

○ 새로운 데이터 거버넌스 구축 필요

디지털정부가 성공하기 위해서는 프로세스의 혁신이 필수적이다. 여러 기관이 참여하는 복잡하고 어려운 과정을 거쳐서 진행되던 오프라인의 업무 프로세스가 온라인상에서 단순하고 명확하게 정리될 때, 비로소 국민에게 편리한 서비스가 제공될 수 있다. 이러한 프로세스 혁신은 부처 간 칸막이 해소에서부터 출발하며, 예산제도와 연동된 협업의 유도가 필수적이다.

지방자치단체도 내부 업무 프로세스와 권한 및 책임이 데이터 기반의 실시간 처리가 가능한 형태로 변화를 유도하고 있다. 정보통신 인프라 구축을 통해 행정서비스를 제공하고 모바일 전자정부에 좀 더 다양한 서비스 콘텐츠를 확보하고자 노력하고 있다. 현재 파편화되어 제공되고 있는 여러 서비스를 하나의 운영체제를 통해 효율적 관리가 이루어질 수 있도록 플랫폼 기능을 강조하고 있다.

ICT는 자체가 목적이 아니고 수단으로서 ICT 이용자가 주체가 되는 것이다. 기존의 연결을 뛰어넘어 초연결 상태에서는 융합을 전제로 새로운 네트워크 환경 조성이 이루어진다. 초연결성은 사람-사물-데이터, 프로세스-시간과 공간, 지식 등 다양한 요소로 확장되어 가는 일련의 과정이다.

ICT 기술을 바탕으로 사람, 프로세스, 데이터, 사물이 서로 연결됨으로써 지능화된 네트워크가 구축되고, 이를 통해 새로운 가치와 혁신의 창출이 가능해지는 사회로 급속히 접어들면서 기업은 물론 정부의 역할에 새로운 요구가 이어지고 있다. 사회적 연결이 극대화되면서 기존에 제공해 오던 정부서비스 지원 방식도 변화를 거듭하고 있다.

데이터는 이러한 디지털 전환의 기초다. 5세대 이동통신(5G)을 사용하면서 발생하는 방대한 양의 데이터는 통신사에게는 큰 자산이고 황금시장이다. 데이터의 시대는 이제 시작이다. 전자정부를 넘어 디지털정부, 디지털플랫폼정부에서 제공하는 다양한 서비스, 모바일을 통한 개인별 맞춤형의 서비스 콘텐츠는 무한대로 진입하고 있다. 공공 부문의 역량과 경쟁력이 절실히 요구된다. 무엇보다 민간이 제 역할을 할 수 있도록 공공 부문은 판을 깔아주고 독려해 주는 거버넌스의 구심점 역할이 필요하다. 무엇보다 소통과 공유를 통해 초협력 사회로 가는 발판을 마련하고 '기술 중심'이 아닌 '인간 중심'의 독창성과 상상력이 더해질 수 있도록 근본적인 새판 짜기가 중요한 시기다.

DIGITAL
지능정부로의 변신

○ 무한도전의 신화, 인공지능

인공지능의 열기가 뜨겁다. 일반적으로 인공지능은 컴퓨터가 인간의 지능 활동을 모방할 수 있도록 하는 것을 의미하며, 1959년 MIT대학에서 AI연구소를 설립한 존 매카시(John McCarthy)와 마빈 민스키(Marvin Minsky) 교수 등 개척자에 의해 실험적으로 시작되었고, 이후 비약적인 발전을 거듭하고 있다. 일본의 소프트뱅크사를 설립해 세계적인 IT 재벌로 부상한 손정의 회장은 첫째도 AI, 둘째도 AI, 셋째도 AI를 강조할 만큼 경제는 물론 사회 전반적으로 영향력이 강력해짐을 알 수 있다. 인공지능은 4차 산업혁명의 핵심 범용 기술로서 인류의 새로운 생산 기반을 재편하는 잠재력을 보유하고 있어 이에 거는 기대감과 동시에 우려도 크다.

초기의 인공지능은 게임이나 바둑 등에서 사용되는 정도였지만, 빠른 속도로 실생활에 응용되면서 지능형 로봇 등 활용 분야가 확장되고 있다. 가깝게는 비서 역할을 해주는 인공지능 스피커, 말 상대가 되어 외로움을 덜어 주는 말하는 로봇인형, 청소대행 로봇청소기 등 개개인의 맞춤형 서비스를 통해 더 나은 서비스가 보장될 수 있도록 지속적으로 고도화되고 있다. 인공지능 기반의 변환은 노동력과 인건비 절감, 기업의 성장과 삶의 질 향상이라는 거시적 트랜드의 전환이라는 점에서 큰 의의를 찾는다. 반면 노동시장의 변화, 가열되는 경쟁, 불평등, 인권에 영향을 미치는 점 등이 동시에 부각되면서 다양한 이해관계가 얽혀 우려도 함께 가중되고 있다. 그러나 인공지능은 이미 우리 실생활에 밀착되어 빠른 변화를 인지시켜 주고 있으며, 세계 경제에 미치는 영향도 매우 클 것으로 예측되고 있다.[03] 제품뿐만 아니라 기존 조직체계를 인공지능 기반으로 전환

---

[03] NIA(2019.6.28.). "신뢰 가능 AI 구현을 위한 정책 방향", p2. "프라이스워터하우스쿠퍼스(PricewaterhouseCoopers: PwC)는 30년까지 AI가 세계 경제에 15.7조 달러를 기여할 것이라

함에 따른 노동력과 인건비의 절감효과 및 시스템 구축을 통한 수익구조의 재창출의 가능성을 높이 평가하고 있다. 국가 차원에서도 행정자원 및 사회시스템의 효율적 재분배를 가능하게 함으로써 기존 사회문제 해결의 기제로 활용할 수 있음에 대해 기대하는 바가 크다.

생활 속으로 들어 온 인공지능

인공지능은 무엇인가? ChatGPT에게 물으면, 생성된 데이터를 통해 적절한 대답을 제시한다. 지난 2020년 미국 라스베가스에서 개최된 국제전자제품박람회(Consumer Electronics Show: CES)에서 세계의 이목을 끌었던 인공지능 기술은 발전을 거듭하면서 그 위상을 높이고 있다. '디지털 전환'이라는 새로운 패러다임의 확장성을 통해 빠르게 시장의 생태계 변화와 함께 우리 생활 곳곳에 파고 들어 이미 지능형 사회로의 진입을 체감하게 된다.

우리는 이미 디지털화된 세상에서 전자기기를 활용해 자동화가 주는 편리함을 체감하고 있는데, 인공지능의 등장으로 무엇이 어떻게 더 달라진다고 하는 것인가? 지금보다 더 강도 높은 자동화는 우리의 일터를 새롭게 변모하면서 인공지능이라는 기술에게 일자리를 넘겨야 하는 것은 아닌지에 대한 막연한 의문이 불안감을 더해 준다. 인공지능은 알게 모르

고 전망하고 있다."

게 이미 우리 생활 전반에 걸쳐 밀착되고 있다.

인공지능은 그동안 우리가 해 오던 일하는 방식, 학습하는 방식, 건강관리 방식, 상호 소통하는 방식과 일상생활에서 습관적으로 해 왔던 방식의 많은 부분들을 변화시키고 있다. 산업생태계는 단순한 일부 변화가 아닌 인공지능 중심의 재편과 조직 재설계를 필요로 한다.

인공지능은 일상생활 전반에서 활용 가치가 높아지고 있고 무엇보다 최적화된 편리함을 제공할 수 있다는 점을 강조한다. 공공서비스는 정부에서 제공하는 일체의 재화나 서비스 등을 의미한다. 공공서비스 관점에서 공공의 목적으로 통용되는 서비스 전반을 공공서비스 영역으로 총칭해 규정할 수 있다. 그러나 공공서비스의 주체인 중앙정부와 지방자치단체는 역할과 역량, 제공 환경이 다름에 따라 공공서비스의 범주를 일반화하는데 어려움이 있다. 공공서비스는 고객의 요구나 수요에 따라 또는 사회적 합의에 따라 결정될 수 있으므로 국가나 지역에 따라 각각 제공되는 서비스는 차이가 발생할 수 있다. 또한 지능정보 기술의 빠른 발전은 디지털 기반의 새로운 공공서비스의 변화를 야기시키고 있다. 무엇보다 기존의 공공서비스 개념을 넘어서는 획기적 접근과 발상의 전환을 유도하는 맞춤형 서비스로의 다양한 시도가 나타나고 있다.

디지털 전환에 따라 공공서비스의 전달체계도 새로운 모습으로 진화하고 있으며 복잡한 기술 생태계를 반영한 수요자 시각의 전환도 지속적으로 요구된다. 법 중심의 행정에서 서비스 중심의 행정, 시민 중심의 행정, 고객인 소비자 중심의 행정으로 패러다임 전환이 빠르게 이어지고 있다. 나아가 개인별, 특화된 개성, 다양성에 주목하며 사회적 합의를 중심으로 모든 시민을 지향하는 공공서비스로의 패러다임 전환이 두드러지게 나타나고 있다. 현재 추진 중인 공공서비스의 시도들을 보면 그 내용과 방법이 이전과는 다른 접근을 시도하고 있다. 지방정부는 지역문제에 대한 수요 및 해결을 위해 주민들의 정책 아이디어를 수렴하고자 정책 플랫폼을 운영하며, 주민의 의견을 정책과제로 연계해 추진하는 사례 등을 쉽게 볼 수 있다.

최근 주목을 받고 있는 ChatGPT의 활용 사례를 보면, 광역자치단체의 경우 서울시의 ChatGPT를 활용한 콜센터, 부산시의 사례로 배우는 ChatGPT 활용법, 인천시의 ChatGPT에 대한 이해와 업무 활용 방안, 광주광역시의 정보화 담당 공무원 대상 ChatGPT 교육, ChatGPT를 활용한 행정서비스 실현을 위해 태스크포스(TF)팀 구성, 세종시의 ChatGPT를 이용한 업무 활용 교육 등이 있다. 이 외에도 각 도에서도 도정 업무에 지원을 위한 ChatGPT의 활용도는 활성화 중이다.

이렇게 화두로 등장한 ChatGPT는 무엇을 의미하는가? ChatGPT는 대화형 생성적 사전학습 트랜스포머(Conversational Generative Pre-trained Transformer)의 약자로 Chat은 서비스를 가능하게 하는 텍스트를 통한 전자 대화와 관련이 있다. ChatGPT는 생성모델이 사용자와 자연스럽게 대화를 나누기 위해 사전학습 모델이 가진 자연어 이해력을 바탕으로 트랜스포머 모델이 사용자의 입력 데이터를 자연어로 처리하는 인공기술을 의미한다. 특히 ChatGPT는 OpenAI가 개발한 자연어 생성모델인데, 이

것은 대화와 관련된 많은 텍스트를 학습해 마치 사람처럼 대화할 수 있도록 교육된 모델을 일컫는다. OpenAI가 만든 ChatGPT가 생성형 AI의 대표 주자로서 TikTok이나 Instagram과 같은 인기 플랫폼의 사용자 채택률을 능가하는 사용자 채택률 기록을 세워서 세상에 알려지게 되었고 최근 시장에서 선점 효과를 높이고 있다. ChatGPT 이외에도 똑똑하고 유용해 보이는 인공지능들이 있으며 시장의 변화도 빠르게 진화하고 있음을 알 수 있다.

○ **인공지능의 발전 과정**

허버트 사이먼(Herbert A. Simon: 1916~2001)
"앞으로 20년 안에 기계는 사람이 할 수 있는 일이면 무엇이든 할 수 있게 될 것이다." (1965)

인공지능 연구는 1950년부터 지속되어 오고 있으며, 그 과정에서 각광기와 냉각기를 거치면서 현재는 제3차의 붐(boom)으로 인식되고 있다. 인공지능 연구는 1960년대 허버트 사이먼 교수에 의해 정책결정(행정학) 분야에 접목을 시도했다. 인공지능 분야에서 두 번째로 논문인용 지수가 높은 것으로 회자되는 사이먼 교수는 행정의 과학적 방식의 적용, 의사결정의 행태를 중심으로 일찍이 화두를 던진 학자이다. 1978년에는 '제한된 합리성' 이론으로 노벨경제학상을 수상했고, 인지심리학의 기초 이론을 연구하는 등 사회과학 전 분야를 넘나들며 활발한 연구활동을 했다. 버클리대학, 일리노이대학에서 봉직하다 카네기멜론대학으로 옮겨 컴퓨터사이언스(CS)학과를 창설하는 등 독특한 이력을 보여주고 있다. 인공지능 분야를 개척했고 컴퓨터 과학계의 노벨상이라고 불리는 튜링상(Turing Award)까지 수상했다. 여러 학문 분야의 타이틀을 갖고 있지만 행정학 분야에서 의사결정 과정의 행태론적 접근법을 강조한 그는 특히 조직의 의사결정이 어떻게 시작되는가의 물음에서 과학적 접근, 인지심리, 머신러닝, 인공지능으로 연구의 경지를 올렸다.

1차 인공지능의 관심도가 높았던 1950년대 후반에서 1960년대에는 컴퓨터에 의한 '추론'이나 '탐색'이 가능해져, 특정 문제에 대해 해답을 제시할 수 있게 된 점에 주목했다. 2차 인공지능의 열풍은 1980년대로 인공지능이 실용 가능한 수준에 이르러, 다수의 전문가 시스템[04]이 생겨났던 시기를 지칭한다. 제3차 인공지능 열풍은 2000년대부터 현재까지 이어지고 있으며, 특히 'Big Data'라고 불리고 있는 대량의 데이터를 이용하는 점이다. 인공지능 자신이 지식을 획득하는 '기계학습'이 실용화되면서, 스스로 습득하는 '딥러닝'의 등장과 함께 인공지능의 위력이 확장되고 있다.

---

04   전문가 시스템: 전문 분야의 지식을 수중에 넣은 뒤 추론하는 것으로, 그 분야의 전문가와 같이 행동하는 프로그램

인공지능에 대한 논의의 일부는 인간의 지능과 동등하거나 그 이상의 지능을 실현할 가능성에 주목하고 있지만, 현실적으로 인공지능의 대부분은 인간이 행하는 결정 과정에 일부분을 대신해 사회문제 해결에 활용되는 정도다. 일부 기능을 대체하는 인공지능이기는 하지만 빅데이터의 축적으로 인한 패턴인식의 정밀함이 높아지고 있고, 최근에는 불확실한 상황에서도 추론이 가능한 상황으로 발전을 거듭하고 있다.

공공 부문에서는 챗봇(Chatbot) 또는 챗 로봇이 많이 활용되고 있다. 입력된 문자 데이터에 대해 응답의 규칙 시나리오를 인공지능이 기계 학습함으로써 나름대로의 적절한 답변을 문자데이터로 제공하는 형식으로 활용하는 단계까지 급진전하고 있다.

빠르게 진화되는 기술의 속도는 적응할 여유를 주지 않고 진행됨에 제도와 법의 지원체계 정립도 어려움이 가중되고 있다. 무엇보다 인공지능은 공공서비스 영역에서 새로운 기회를 제공하고 있다. 정부가 제공하는 행정서비스가 공공의 영역을 확대 발전시키면서 다양한 범주로 확장성을 더하고 있다.

서비스와 연계된 인공지능

다양한 공공서비스의 수요·공급현황을 파악할 수 있는 디지털 플랫폼을 구축해 주민참여를 통한 공공서비스 혁신기반을 마련하고자 노력한다. 무엇보다 공공이 보유한 다양한 학습데이터를 주민에게 공개함으로써 데이터를 이용한 서비스 발굴과 지원을 도모하는 등 학습데이터 활용을 통한 민간서비스 지원체계의 활성화를 도모하고 있다. 특히 지역문제 해결 차원에서 필요한 인공지능 서비스를 위해 주민참여를 통한 학습데이터를 확보하는 등 지역공공재의 주민자산화라는 새로운 접근법도 시도되고 있다.

공공서비스 지원을 위한 인프라 확보 및 개선을 통해 서비스 고도화, 민간 시장의 확장, 지역별 특화 산업의 활성화로 연결시키고자 하며, 나아가 맞춤형 디지털 공공서비스 제도로 이어지도록 유도하고 있다. 지역 차원에서도 데이터, 인공지능 분야가 공공시장에서 활성화될 수 있도록 지역형 데이터의 구축, 데이터 포털 및 인공지능 플랫폼의 도입 등 다각적인 접근법이 제안되고 있다.

지방자치단체는 그 어느 때보다 생활밀착형 정보서비스의 변화가 예상된다. CCTV를 활용한 안심귀가, 교통정보, 주·정차 단속 등의 서비스는 물론 무인기기 활용 서비스, 사회 인프라 관리 서비스 등이 이미 반영되고 있거나, 중장기적 차원에서 계획되고 있다. 지능정보 기술은 대규모 데이터에 대한 자가 학습(machine learning)을 통해 알고리즘 성능을 지속적으로 강화하므로 데이터와 지식이 산업의 주요 경쟁 원천이 된다. 여기에 스스로 데이터를 확보할 수 있는 생태계를 구축하고 이를 활용할 수 있는 알고리즘을 보유한 기업이 시장을 주도하고 많은 이윤을 창출하고 있다. 인공지능의 기반은 데이터이다. 머신러닝을 통한 인공지능의 새로운 영역 확대는 우리에게 다양한 혜택을 주고 있다.

좀 더 거시적 차원에서는 이동통신, 신용카드 매출액, 교통량, 읍·면·동 단위 인구 이동, 위성영상 등 다양한 빅데이터와 인공지능을 활용해 생활권 설정, 토지이용 및 기반시설 수요 예측 등을 수행하고, 이를 통해 최적의 도시계획 수립을 지원하는 기술 개발 등의 국가사업 과제 등도 연계되고 있다.

인구감소에 따른 지역축소 문제 해결 차원에서 최적의 도시계획 및 정책 방안은 무엇인가에 대해 데이터를 활용한 적정한 방안 모색을 주도한다. 특히 지방자치단체별 맞춤형 도시계획 수립을 위한 인공지능 기술의 적용이 주목을 받고 있다.

디지털 기술을 활용한 재난안전관리 실증 사업에 대한 지방자치단체의 협업도 눈 여겨 볼 수 있다. 과학기술정보통신부에서 주관하는 '인공지능·가상융합세계(메타버스) 기반의 재난안전관리체계 강화' 사업은 대전, 세종, 충남, 충북 등 충청권 네 개 지방자치단체에 디지털 기술을 활용해 재난안전관리 기반을 구축하도록 유도한다. 사고 징후를 다양한 감지기(센서) 데이터로 수집해 가상 융합 세계(메타버스) 환경을 통해 실시간 점검(모니터링)하고, 인공지능 기술 등을 활용하여 사고 예방 및 사후 대응을 위한 최적의 의사결정을 지원하는 형식으로 추진된다고 한다. 지방자치단체 단독의 재난문제와 해결이 아닌 인근 지역으로의 범위를 확대해 함께 문제를 풀어가고 이에 대한 대응방안을 마련한다는 점에서 지방자치단체 협업의 의의가 크다.

○ 인공지능과 디지털플랫폼정부 구축

디지털플랫폼정부는 인공지능을 기반으로 부처·기관에 흩어져 있는 데이터를 하나의 플랫폼에 모아 국민 맞춤형 서비스를 담고자 '디지털플랫폼정부 실현계획'에 반영하고 있다. 기존의 방식으로는 해결하기 어려운 난제들이 복잡하게 얽히고, 고객의 요구도 다양해져 이를 수용하기 위한 새로운 접근이 필요한 시점이다.

디지털플랫폼정부는 부처별, 기관별 시스템을 디지털플랫폼정부 허브(DPG Hub)로 연결함과 동시에 정부의 시스템과 국민이 사용하는 민간의 수많은 애플리케이션을 연결하는 연결고리 역할을 추진하는 것을 과제에 담고 있다. 이를 통해 산재되어 있는 공공의 지원 정책과 데이터를 표준화하고 API 개방을 통해 민간에게 제공해 주면, 민간은 국민들이 이미 편하게 사용하는 민간의 애플리케이션을 통해 개별 국민과 기업에 맞춤형으로 혜택정보를 제공하고, 신청도 편리하게 할 수 있도록 서비스를 만들어 내고자 한다.

성공적인 서비스 플랫폼들의 노하우를 공공서비스에 잘 적용해야 하며, 정부가 제공하는 혜택알리미 등을 통해 수많은 혜택 정보를 국민, 즉 수요자에게 선제적으로 필요한 혜택들을 알려주는 서비스를 만들어 가고자 한다. 사용자가 놓인 환경이나 상황 등을 데이터로 모두 파악하고, 다양성을 인정하며 맞춤형으로 서비스를 구성해야 되고, 서비스의 기획 단계에서부터 세분화가 되어 면밀히 분석이 될 때 맞춤화된 서비스가 만들어질 것이다. 이러한 맞춤화된 지능형 대국민 서비스는 디지털플랫폼정부의 핵심적인 서비스가 되도록 설계안에 담고 있다. 기존에도 집중적으로 논의가 이루어졌던 맞춤형 서비스의 실효성을 높이기 위한 차원에서 인공지능의 기능이 활용된다. 대국민서비스의 일선 업무인 민원 처리과정은 지속적으로 변화가 이루어진 영역이지만, 여전히 서비스 혜택을 둘러싼 불편함이 지속되고 있어 우선적으로 해결이 가능하도록 풀어갈 수 있음에 기대를 갖는다.

DIGITAL
공공서비스의 무엇이 달라지는가

○ 지능정보 기술 기반의 생활밀착 서비스 개선

지역에서 공통적으로 나타나는 고령화 현상은 생산 인력의 급감과 지역경제의 변화를 수반하게 하는 요인 중 하나이다. 지방자치단체는 고령자들의 건강관리를 중심으로 복지서비스의 개선을 위해 노력한다. 독거노인들의 경우 위급한 상황이 닥칠 때 인공지능 기술은 강력한 힘을 발휘할 수 있다. 이전에도 원격진료나 비상 구조 시스템 등이 구비되어 있었지만 현재는 5G 기반의 전송체계까지 갖춰져 응급 현장에서의 위기를 빠르게 벗어날 수 있도록 지원 가능하게 되었다. 특히 심전도·혈압·맥박 등 생체 데이터와 소리·대용량 의료영상 등의 데이터를 초고속·실시간으로 전송하는 시스템을 구축하고, 환자별 최적병원 자동선정 시스템과 구급차용 내비게이션의 연계 개발을 통해 이송시간을 단축시킬 수 있음도 매우 기대되는 효과이다. 이러한 시스템의 구축은 환자 이송시간을 최대한 줄여서 치료의 골든타임을 확보할 수 있게 되고 빠른 치료를 받을 수 있게 한다는 점에서 고무적이다. 더불어 환자의 상태·질환·중증도에 따라 맞춤형으로 진단·처치 서비스를 제공할 수 있다는 점에서 기대되는 인공지능 기반의 서비스 지원체계이기도 하다.

청년층은 대체로 대도시를 선호하고 직업을 찾아 이동함에 따라 지역에는 고령층들이 주로 남는 것이 보편적인 현상이다. 노인들의 경우도 건강상의 이유로 대도시 병원 근처로 집적하게 됨에 따라 지방소멸 등 인구감소 현상에 대한 우려가 크다. 지방자치단체 단체장은 인공지능을 활용해 더 많은 사람이 남을 수 있도록 아이디어를 개발할 필요가 있다. 데이터를 분석해 지역에 특화된 상품을 개발하고 유인하는 생활밀착형 서비스의 개선효과를 높여야 할 것이다.

○ 신기술 지능정보 기반의 생태계

인공지능은 방대한 양의 빅데이터를 분석해 새로운 이론과 현상을 찾아내고 있다. 이미 인공지능은 환율이나 주식시장을 사람보다 더 정확하게 전망하고 경영·경제학에서는 새 이론을 검증하는 수단으로 사용하고 있다. 행정학이나 사회학, 도시학 분야에서도 인공지능 시뮬레이션을 통해 현실에서 일어날 문제점을 시연하고 이에 대한 대응방안 등을 모색한다. 도시건설과 개발, 교통망의 효율적 구성, 최적의 생활밀착형 서비스를 도출하는데도 활용되고 있다. 인공지능은 더 이상 공학 분야의 학문으로서만이 아닌 모든 학문 분야와 융합해 영역을 최적화 시키고 있다. 이에 다양한 맥락을 고려한 생태계 활성화를 위해 생각의 전환이 우선될 필요가 있다.

신기술 지능정보 기반의 생태계가 활성화되기 위해서는 여러 요소가 다각적으로 진화될 필요가 있다. 특히 인공지능을 토대로 변화하는 환경분석과 공감대의 형성이 체계적으로 이루어져야 할 것이다. 데이터의 생성과 관리 및 소유, 활용에 이르기까지 요구되는 과정적 지원체계도 공공 차원에서 과감하게 이루어질 필요가 있다. 특히 인공지능은 축적된 데이터를 기초로 그 영역을 확장시키고 있으므로 밀착된 연계효과를 제고하기 위한 과감한 지원도 반영되어야 할 것이다.

지역사회를 변화시키는 원천기술의 역할

지방자치단체는 지능정보 기술을 통해 지역주민들의 안전과 생활서비스를 개선하는데 주력하는 모습을 볼 수 있다. 최근 경기도는 '인공지능 기반 도로 포장상태 자동분석 및 예측 시스템' 개발을 위해 프로젝트를 진행한다고 밝히고 있다. 빅데이터를 활용해 도로포장의 보수·관리체계를 구축하고 인공지능 인프라를 통해 도로의 노후화나 균열 상태 등 도로 포장상태를 더욱 과학적이고 체계적으로 모니터링 할 수 있음을 강조한다. 이 시스템이 성공적으로 안착이 되면 다른 지방자치단체에 파급효과가 높아질 수 있을 것이다. 인공지능의 인프라가 구축되기 위해서는 무엇보다 도로 상태와 관련한 빅데이터의 생성이 절대적이다. 인공지능 기반의 인프라는 데이터의 추출·처리, 통계 및 공간데이터 분석, 분석된 데이터의 시각화 등의 기능을 수행하게 된다고 하는데, 데이터가 많이 수집될수록 품질제고 효과에도 영향을 미치게 될 것이다. 이렇게 인공지능 기반의 재난안전서비스 개선은 지방자치단체마다 지역의 특성을 살려 반영할 수 있다는 점에서 상생효과가 높을 것으로 예견된다.

관광정책을 독려하는 지방자치단체는 더 많은 관광객이 방문할 수 있도록 최선의 서비스를 제공하고자 노력한다. 그중 하나가 외국인에 대한 통역서비스이며, 최근 인공지능에 힘입어 자동번역이나 자동통역이 요긴하게 작동한다. 국제관광도시를 지향하는 부산은 외국인들의 언어장벽을 없애주기 위해 무상 인공지능 통역서비스를 지원한다고 공표했다. 시에서는 외국인 관광객을 대상으로 인공지능 통역기를 무상으로 대여하는 서비스를 실시할 예정이라고 하는데, 기존의 자전거 대여와 마찬가지로 접근성의 편리함을 가중시키기 위한 노력의 일환이다.

자동통역기는 언어뿐만 아니라 이미지 번역(OCR)과 여행지 정보 제공

등 다양한 서비스가 반영되고 있어 관광객 유치에 기여를 할 것으로 보인다. 나아가 인공지능 인프라를 통해 새롭게 만들어 볼 수 있는 생활개선 서비스의 영역은 무궁무진하다.

인공지능 기술은 쓰레기를 무단으로 버리지 못하도록 감시하는 기능, 어두운 골목길에 범죄예방의 효과를 높여주는 CCTV의 기능을 한층 더 높여 안전 효과를 제고하기도 하고, 지역사회 노인들의 말동무 역할, 청소를 대행해 주는 로봇의 역할 등 실로 다양한 형태로 접목시킬 수 있는 분야로 등장하고 있다.

○ 데이터의 연결

차곡차곡 쌓여가는 데이터가 제대로 연결되지 못하고 사장될 때 그 손실을 계산해 보면 어느 정도일까? 최근에는 이러한 질문에 대한 답을 계산하는 논의도 이어지고 있다. 자산으로서의 데이터의 가치는 재론의 여지가 없다.

데이터의 연결을 통해 문제해결 방안을 제시하고자 디지털플랫폼정부는 강조하고 있다. 2026년까지 관공서 제출서류를 없애는 목표를 제시했는데, 이는 마이데이터를 통해 국민 개인별 맞춤형 서비스의 실현이 가능함에 주목한다. 그러나 개인정보 유출, 오·남용에 따른 우려도 있어 개인정보에 대해 좀 더 주체적으로 데이터를 활용할 수 있도록 제안하고 있다. 또한 부동산 등기를 위해서는 총 17종의 서류를 준비하게 되어 있는데, 등기소에 등기를 신청하면 등기소가 행정기관들과 데이터를 주고받아 서류를 직접 떼서 제출할 일이 없어지도록 하는 방안을 담고 있다. 국민은 기관 간 정보가 연결되는 것을 직접 알 필요가 없고, 본인이 원하는 서비스를 신청하고 정보 제공에 대한 동의만 하면 되도록 행정절차의 간소화를 추구하고 있다. 특히 대상별, 영역별, 지역별로 차이가 발생하는 민원처리 결과의 차이나 모호한 접근의 불편함을 해소하고, 쉽고 편리한 방식, 안전하게 진행될 수 있도록 한다. 부처별 정보공유와 융합은 엄청난 시너지 효과를 낼 수 있다. 이제부터는 실천을 통해 실효성을 높이기 위한 노력이 이어져야 한다.

인공지능을 활용한 공공서비스의 확장성과 실효성을 높이기 위해서는 먼저 풀어야 할 몇 가지 쟁점이 있다. 첫째, 데이터 칸막이의 해소이다. 최근 행정 난제들이 다수 등장하고 있는데, 대표적으로 기후위기, 인구폭발, 빈부격차, 저성장, 저출산·초고령화, 지역소멸 등이 해당된다. 코로나19와 같은 팬데믹 감염병 창궐 등 이전 세기에서는 경험하지 못했던 새로운 사회문제가 기하급수적으로 증가하고 있다. 이러한 행정환경의 특징들을 변덕(Volatile), 불확실성(Uncertain), 복잡성(Complex), 모호성(Ambiguous)의 앞 글자를 따서 뷰카(VUCA)라 부르기도 한다. 이를 해결하기 위해 가장 효과적인 방법은 부처별 벽을 허물고 협업을 하는 것이며, 또한 협력적 거버넌스는 정부의 벽을 넘어 민간 부문과도 긴밀히 협업해 집단지성을 도출해야 한다. 먼저 데이터 칸막이 해소를 위해, 정부 내에서 데이터가 막힘없이 공유될 수 있도록 시스템과 인프라 개선이 필요하다. 업무 단위가 아닌 문제해결 중심으로 데이터가 공유되고 활용이 이루어지도록 규정과 제도개선이 필요하다. 둘째, 칸막이 해소를 통한 협업이 필요하다. 부처 간 벽을 허물고 협업하는 부처와 함께 실제 추진하는 문제 중심의 과업이 해결되는지를 중심으로 환류체계 구성도 필요하다. 성과를 강조하지만 실효성을 높이기 위한 지속성과 모니터링도 강화되어야 한다. 협업은 시스템만으로 해결이 어려운 여러 의미를 내포하고 있는데, 부처와 과업의 특성을 반영해 데이터 거버넌스 역량의 확대도 필요하다.

○ 성장을 위한 정책과제

데이터 3법의 개정과 함께 행정 분야의 생태계도 인공지능 기반으로 빠르게 변화하면서 정책의 실효성 차원에서 법과 제도의 개선에 관한 논의가 이어지고 있다.

디지털 전환(digital transfomation)은 기술 자체의 개발보다는 기술의 융합을 통한 혁신적인 서비스가 필요하다고 강조하며, 데이터를 활용하는 역량의 중요성이 부각되고 있다. 기술의 진화가 빠르게 발전하는 가운데 법과 제도만으로 모든 문제들을 수용하고 해결하는 데는 한계가 있다. 따라서 사회적 인식의 제고 및 개인정보 보호를 위한 윤리의식의 아젠다도 지속적으로 논의가 이루어져야 할 중요한 과제다. 동시에 머신러닝의 대량의 데이터 수집은 최종 이용자의 개인정보 침해와 연결된다는 점도 주목해야 할 것이다.

인공지능 인프라는 단순히 기술적인 문제만이 아니고 지역의 균형발전 차원에서 좀 더 획기적인 인재양성 계획과 맥을 같이 해야 할 것이다. 디지털 전환과 지역균형 발전에 필요한 산업계 수요와 현 교육 시스템 간에는 간극이 발생한다. 새로운 신기술 지능정보 분야에 대한 전공 간 융합 또는 대학 간 협력체제가 미흡하고, 지식 전달 중심의 교육에 의해 현장에서 즉각적으로 적응할 수 있는 인재도 부족한 상황이다. 특히 인공지능 분야의 전문 인력은 선진국 대비 10여 년의 공백이 있다 해도 과언이 아닐 정도로 매우 부족한 상황이어서 전방위적인 교육지원이 절실한 상황이다. 지역의 특화 분야를 중심으로 산업과 연계한 현지 기초과학 기술 역량을 제고할 필요가 있다. 무엇보다 디지털 인재가 지역혁신 성장과 경쟁력을 확보할 수 있도록 지역인재 육성을 위한 시스템 재정비가 중요하다. 국가와 지역 산업계가 요구하는 문제의 해결역량을 갖춘 맞춤형 인재의 배출이 가능하도록 자율적 혁신이 절실하다.

지방자치단체는 지역의 현안인 인구감소의 해답을 찾기 위해 고군분투하고 있다. 가장 어려운 난제 중 하나이다. 지역 기반의 기업과 대학의 상생구조가 경쟁력을 갖추지 못하면 지역의 발전도 힘을 받지 못한다. 지역의 기업도 좀 더 적극적으로 지역 인재를 키우기 위해 대학과의 교육협업에 동참해야 할 것이다. 대학도 형식적인 MOU로 끝나기보다는 기업을 캠퍼스처럼 활용하고 현장의 실무지식을 습득할 수 있도록 교육 혁신의 전환이 절실한 시점이다. 지역대학과 기업의 상생협력을 통한 지역의 발전과 나아가 경쟁력을 확보하는 우수 사례는 해외 여러 나라에서 쉽게 찾아 볼 수 있다. 우리도 현재 지역대학, 지방자치단체, 산업계의 네트워크를 활용해 지역인재 양성 프로그램을 활성화하기 위한 여러 사업과 프로그램이 진행 중이다. 대학도 과감한 개방을 통해 지역주민을 캠퍼스로 유도하고, 기업도 대학의 인재양성과 인력활용을 기반으로 적극적인 역할이 강조된다. 울타리가 쳐진 대학은 개방적 인재를 양성하는데 한계가 있다. 이제는 지역이 나서야 할 때이다.

○ 현장에서 시작되는 정부혁신

지능정보 기술의 빠른 발전에 힘 입어 사회 변화의 정도와 속도도 '혁명'이라 할 정도로 새로운 사회 환경으로 전이하고 있다. 국가의 행정은 변화하는 사회를 총괄하고 조정할 책임이 있으며 점점 더 강력한 정부혁신의 요구를 수용해 기술과 접목한 새로운 형태의 디지털정부를 구축하고자 노력한다. 정부혁신 변화의 당위성은 각 시대와 장소에 따라 정부가 안고 있는 문제를 처방하는 방법도 달라진다. 국민은 정부에 대해 각종 서비스와 보호를 요구하며, 행정기능은 점점 더 양적 확대와 질적 강화를 중심으로 지속적인 변화로 이어지고 있다. ICT와 이를 근간으로 하는 지능정보 신기술은 여전히 정부 역할의 변화와 새로운 방식의 조정 기능을 지속적으로 요구한다. 이전과 달리 정부혁신의 주요 아젠다는 생활밀착형 서비스 개선과 함께 맞춤형 서비스, 개인화된 서비스에 더 주력하는 모습을 보여주고 있다. 앞으로의 디지털정부는 정부혁신의 수단이기보다는 고객과 함께하는 새로운 방향성을 고민해야 한다. 현장을 중심으로 디지털정부의 새로운 도전이 절실하다.

03

Digital Transformation and Public Services

디지털 전환이 우리에게 주는 교훈

DIGITAL

생활 속의 편리함을 위해 버려야 할 것들

○ 디지털정부의 새로운 서비스는

　인공지능과 클라우드는 새로운 정부 서비스의 핵심으로 논의되고 있다. 정부는 대국민 서비스 혁신, 공공 부문 마이데이터 활성화, 시민참여 플랫폼 고도화, 스마트 업무환경 구현, 클라우드와 디지털 서비스 이용 활성화, 개방형 데이터·서비스 생태계 구축 등을 중심으로 디지털정부에 주력하는 모습이다.

　대국민 서비스 혁신은 찾아가는 서비스를 중심으로, 몰라서 불이익을 받는 일이 없도록 하며, 생애주기별 서비스 지원이 원스톱 패키지로 이어질 수 있도록 확대되는 내용을 중심으로 하고 있다. 데이터 분야는 공공부문의 마이데이터 활성화를 통해 정보주체인 이용자 중심의 데이터 활용 패러다임으로의 전환을 도모하고 있다.[05]

　클라우드를 통한 업무 환경 개선과 인공지능, 클라우드 등을 활용한 서비스를 쉽게 개발·운영할 수 있도록 개방형 전자정부 클라우드 플랫폼 구축이 이어지고 있다. 무엇보다 개방형 데이터·서비스 생태계 구축을 마련해 민간 앱, 포털 사이트 등에서도 공공서비스 지원이 가능하도록 새로운 역할에 거는 기대가 크다. 기존의 전자정부 서비스가 한층 진일보해 고객관점의 맞춤형 서비스로 변신을 시도하고 있다.

○ 디지털 플랫폼 기반의 지역혁신

　기업은 서비스 혁신을 경쟁적으로 추진하며 정부도 서비스를 중심으로 역할과 기능의 전환이 이어지고 있다. 사회 전체적으로 서비스 콘텐츠

---

[05] 금융(영국), 의료(미국) 분야에서 적용되어 오다가 최근 유럽연합(EU)이 데이터 이동권으로 법제화 시행(2018.5): 민원인이 요청하면 보유기관의 동의 없이도 자신의 행정정보를 민원처리에 활용할 수 있도록 하여, A기관에서 서류를 발급 받아 B기관에 제출하는 불편을 줄일 수 있다. 나아가 공공 부문에 있는 본인정보를 다운로드 받아 필요에 맞도록 안전하게(위변조 방지, 유통이력 확인) 이용할 수 있는 마이데이터의 확장성을 높이고자 하는 내용을 담고 있다.

개발을 위해 창의적 아이디어를 모으는데 주력하며, 신기술을 활용해 더 나은 서비스 창출을 위해 다각적인 노력을 기울이고 있다. 우리 모두는 서비스 개발에 힘을 쏟고, 동시에 모두가 서비스의 수요자이기도 하다.

지역은 국가와 시장에서 쏟아지는 서비스 혁신에 대해 어느 정도 체화하고 있을까?

지역 간 균형 또는 지역 간 격차를 해소하기 위한 일환으로 지역상생을 강조하고 있고, 상호보완적 협력을 통해 동반 성장을 할 수 있는 관계를 중심으로 지역혁신이 진행되고 있다. 지역 산업의 혁신과 공공서비스의 발전을 위해 무엇보다 지역상생 개념을 중심으로 동반 성장의 필요성이 요구된다. 지역상생은 기본적으로 협력 체제를 기반으로 지역발전을 도모할 수 있으며, 자치단체의 발전을 위한 전략 중 하나로 상생협력을 위한 정책수단을 모색하고 있다.

수도권과 비수도권 간 이해관계가 일치해 자율적으로 상생협력을 추진하는 부분도 있지만, 상호 간의 이해관계 충돌로 인해 추진하지 못하는 부분도 있다. 특히, 수도권과 비수도권의 상생협력 추진에 있어 수도권 집중현상은 지역의 손실로 이어지고 있어 지역 간 상생협력의 균형적 시각을 유지하는 일이 매우 어렵다. 지역 간 상생협력 시에는 균형적 시각에서 지역경쟁력을 강화하기 위한 협력적 네트워크의 기제가 요구된다.

최근 지방자치단체는 자율적으로 상생협력을 통해 지역의 문제를 해결하고 상호 경쟁력 확보 차원에서 연계 효과를 제고하기 위한 다각적인 시도가 이어지고 있다. 지역발전을 위해 상호보완적 기능분담 및 협력 시스템 지원체계를 구상하고, 다양한 이해관계자들이 모여 문제제기와 해결방안을 모색하는 리빙랩의 역할이 조용히 활성화되고 있다.

정부는 지역발전을 위해 다양한 지원정책을 추진하고 있지만, 지역의 경쟁력이 아직 미흡하거나 지역 내 협력 및 협업도 원활하게 이루어지지 못하는 현상이 이어지고 있다. 지능정보 기술 기반의 인프라는 물론 새로운 사회 전환의 패러다임에 대한 준비도 여력이 없는 경우가 많다. 지역기업의 성장감소는 지역의 경쟁력 약화로 이어지고, 지역대학의 위기는 지역기업의 약화와도 연결되는 구조이므로 지방정부는 이에 대한 지원체계를 강화하고자 노력하고 있다. 시장은 새로운 지능정보 기술을 토대로 서비스 혁신이 끊임없이 일어나고 있는데, 지역의 체감은 아직까지도 너무 멀리 있다. 지역사회에서 서비스 혁신의 시작은 지역주민이 중심이 되어 개진되어야 한다.

디지털 플랫폼은 정부 차원에서 원스톱 서비스의 새로운 보강과 동시에 서비스 중심의 IT 산업 생태계의 변화를 담고 있다. 나아가 지역 차원의 공간개념을 확장해 문제해결의 역량을 담기 위한 새로운 기제로서 역할도 기대해 볼 수 있다. 무엇보다 디지털 플랫폼에 기반한 미래 지향적 활동과 지역학생의 교육복지를 위한 AI, 메타버스 등 정보통신 기술교육, 지역경제 활성화를 위한 유관 이해관계자의 협력의 장으로서 활용가치를 높일 수 있다.

'디지털플랫폼정부'는 다양한 이해관계자들이 자유롭게 참여하고 원하는 공공정보를 활용해 새로운 가치를 창출할 수 있는 열린 장을 담고 있다. 지역의 관점에서도 플랫폼은 다양한 지역의 가치가 만나 기존의 문제를 해결할 수 있는 장으로서 접근이 필요하다. 지역균형 발전 주제는 지속되고 있는 화두이면서 단기간에 해결이 쉽지 않은 과제이기도 하다. 사회·환경의 복잡한 구조와 변화는 지역의 생태계를 끊임없이 변화시키고 있다. 디지털 플랫폼을 통한 균형 발전의 새로운 시도가 필요하다.

지역문제 해결을 위한 플랫폼

지역의 주민들과 공공기관이 함께 참여해 다양한 문제를 발굴하고 해결하는 '지역문제해결플랫폼'을 볼 수 있다. 장애인이 편의점이나 카페, 식당 등 편의 시설을 들어가지 못한다는 점을 들고 이러한 문제점을 지역문제해결플랫폼을 통해 개선하고자 하는 사례나 지역의 역사·문화와 생태 환경이 공존하는 여행 프로그램의 개발과 일자리 창출, 공공기관이 협업해 사업의 지속적 추진을 위해 지원하는 모습을 쉽게 찾아볼 수 있다. 매우 반가운 현상이다. 지역의 다양한 특성을 플랫폼을 통해 확장시킬 수 있다는 점에서 경계의 무한함을 보게 된다. 지방자치단체가 넘기 힘든 연결이 디지털 플랫폼을 통해 가능함을 볼 수 있다.

지역의 가장 큰 현안은 인구소멸에 따른 경쟁력 상실을 꼽고 있다. 최첨단의 시설 투자와 인프라를 구축해도 대도시권으로의 이동과 저출생에 따른 인구감소 문제는 해결책을 찾기가 쉽지 않다. 지역소멸을 극복할 새로운 지역성장·균형발전의 전략이 필요하며, 정책 대안 중 하나로 초광역 협력을 통한 거대 경제권역을 모색하고 있다. 행정구역을 넘어 공동문제 해결과 규모의 경제 및 집적 이익을 실현하도록 하며 일자리, 교통시설 및 주거 환경 등 생활기반이 부족한 낙후지역도 포함해 지역소멸을 막기 위한 대응방안을 모색하고 있다.

인구가 적은 지역이나 낙후지역은 무엇보다 의료시설이 취약해 악순환을 겪게 되는데, 이러한 문제해결 방안 중 하나로 원격의료 시범사업이 시작되었다. 주민들의 만족도는 높은 반면 의료진의 협조가 원활하지 않아 성과를 높이는데 한계가 있다. 원격의료에 대한 논의는 이미 오래전부터 시도되었지만 의료 질의 저하, 의료사고 등의 우려로 법적 제약이 있어 실행이 어려웠다. 코로나19 팬데믹으로 인해 코로나 환자에게 비대면 진료가 한시적으로 허용되면서 실효성을 높일 수 있는 차원에서 합리적 대안의 모색이 요구된다.

미국의 가상 의료회사인 텔레닥(teledoc)은 코로나19로 이동 제한령(lock down)이 시행된 도시에서 자연스럽게 수요가 증가했고, 앱을 활용해서 서비스를 제공하는 형태로 의사와 환자 모두에게 도움이 되는 시스템을 구축했다고 한다. 최근에는 아마존의 스마트 스피커를 통해 텔레닥의 원격의료를 사용할 수 있도록 협업체계를 구축하고 있다. 디지털 플랫폼은 디지털 디바이스의 기술과 안정성, 효능 등을 중심으로 원스톱 서비스가 진행될 수 있다는 점에서 문제해결의 가능성을 높여 주고 있다.

디지털 역량을 위한 준비

○ 디지털 격차 해소를 위한 접근

　디지털 격차가 해소되지 않으면 사회적 약자는 물론 일반인들에게도 미치는 영향의 파장이 클 것으로 예상된다. 디지털 기기 사용의 불편함을 넘어 삶 전반의 피해로 작용할 수 있다. 디지털로 전환해 대체할 수 있는 단순 업무가 사라지고 있는 가운데 정보통신기술(ICT) 역량이 부족한 경우 일자리를 잃거나 기회를 얻지 못하는 충격에도 직면할 수 있는 것이다.

　디지털 격차를 어떻게 해결할 수 있을까?

　무엇보다 지속적인 교육을 통해 인식의 제고와 이용의 편의를 도모할 수 있도록 반영되어야 한다. 대상별 교육과 교육의 영역별 접근 및 지역별 교육의 현황을 토대로 차별화된 접근이 요구된다. 특히 연령별 차이에 따른 교육의 내용도 중요하고, 지역격차 해소 차원의 현장 중심형 교육 프로그램도 이어져야 한다. 이를 위해 최근 '디지털 공유대학'이라 일컫는 대학 간 공동교육 운영체제는 기대되는 면이 있다.

　중앙과 지방의 상호협력과 배려도 절실한 부분이다. 서울시는 '디지털 역량강화 종합대책'의 일환으로 65세 이상 노인들에게 저렴한 요금제의 스마트폰 보급, 로봇 활용 병행 교육, 주민센터와 복지관 등에 디지털 배움터 및 키오스크 체험존 조성 등을 지원하는 방안을 발표했다. 지방재정력에 따라 지역 간 불균형이 나타날 수 있어 현실적으로 어려운 점을 지적하고 있다. 그럼에도 한정된 자원을 활용해 실행력을 높이기 위한 시도가 우선되어야 할 것이다.

나아가 기술의 고도화에 가치가 반영될 필요가 있다. 단순히 시장 중심의 기술개발에만 주목하기보다는 사회적 가치를 담을 수 있는 기술적 접근이 시작부터 접목될 수 있도록 해야 한다. 새로운 기기 혹은 기술이 도입됐을 때 별도의 교육을 수반하지 않도록 쉽게 접근하는 점도 고려의 대상이다. 이 또한 기술의 가치를 재구조화하여 접근이 가능하다는 여러 각도의 의견들이 제시되고 있다.

급격한 디지털 전환에 따른 소외계층을 위한 디지털 포용의 논의도 활발하게 이루어지고 있다. 정보 취약 계층이 속해 있는 집단과의 연계를 통해 정부와 시민, 기업의 거버넌스 체계 구축도 지속적으로 이어져야 할 것이다.

디지털 사회는 좀 더 지능화된 기기가 기반이 되고 새로운 기능들이 확대 발전하는 순환구조를 보여주고 있다. 새롭게 생성되는 정보를 토대로 또 다른 생태계가 지속적으로 만들어지는 양상이다. 무엇보다 상생의 가치가 반영되어 편향과 왜곡으로부터 불이익을 받는 계층이 없도록 되짚어볼 시점이다.

데이터 기반의 디지털 플랫폼, 행정

디지털 플랫폼은 데이터가 가장 기본적인 요소로 작동되며, 인공지능과 데이터를 통합·연계·분석해 공공 부문에서 사회문제 해결 등 공공가치를 창출하고자 한다. 이는 세계 각국이 데이터, 정보, 지식과 같은 근거기반의 공공정책 수립과 공공서비스 제공을 통해 일하는 방식의 효율화 및 대국민 정책·서비스의 품질을 높이고 전달체계를 개선하고자 노력하는 방향과 일맥상통하는 부분이다.

우리 정부는 「데이터기반행정 활성화에 관한 법률」, '데이터기반행정 활성화 기본계획', '데이터기반행정 활성화 위원회' 등을 통해 데이터 기반의 공공정책 수립, 집행, 평가 전반에 걸쳐 데이터의 활용을 진척시키기 위한 다각적인 토대를 마련했다. 특히 법률, 정책, 추진체계를 통한 기반을 구축해 실질적인 작동이 이루어질 수 있도록 주력하고 있다.

디지털 플랫폼은 정부차원에서도 혁신의 일환으로 적용하고자 했으며, 특히 데이터의 분석·활용이 전제되지 않으면 그 실효성을 높이는데 제약이 따르게 된다. 따라서 데이터 기반의 인프라 구축과 이를 분석·활용할 수 있도록 다원화된 시각의 접근이 필요하다.

디지털 전환과 사회 변화

플랫폼은 온라인에서 생산·소비·유통이 이루어지는 장으로서 생산자와 소비자간 연결과 상호작용을 통해 무한한 가치를 창조하는 시스템을 의미한다. 최근에는 새로운 비즈니스 모델로 주목을 받고 있는데, 특히 기업은 인터넷 검색 엔진을 시작으로 콘텐츠와 스트리밍 서비스, 핀테크 등 산업 분야의 영역을 확장해 나가고 있다. 정부도 전자정부를 추진하는 과정에서 정부행정과 민원의 전자화, 온라인화 단계를 넘어 '플랫폼 기반의 공공서비스 최적화'를 구축하고자 했다. 플랫폼정부는 정보, 소통, 서비스를 중심으로 생성되는 데이터의 분석과 활용, 공공정보의 전면적 개방과 공유를 통한 새로운 장으로서의 역할을 강조했다.

지역의 관점에서 플랫폼은 다양한 지역의 가치가 만나 기존의 문제를 해결할 수 있는 장으로서 의의가 크다. 지역균형 발전 주제는 지속되고 있는 화두이면서 단기간에 해결이 쉽지 않은 과제이기도 하다. 사회·환경의 복잡한 구조와 변화는 지역의 생태계를 끊임없이 변화시키고 있다. 이에 디지털 플랫폼을 통한 지역균형 발전의 새로운 시도가 필요하다.

전자정부 기반의 공공서비스 지원체계는 지역정보화의 지속적인 확산 효과를 제고했고, 무엇보다 지역주민의 생활밀착형 서비스 개선을 통한 삶의 질 향상을 위해 접근과 시도가 이어져 왔다. 디지털 플랫폼은 정부 차원에서 원스톱 서비스의 새로운 보강이면서 동시에 서비스 중심의 IT 산업 생태계 변화를 담고 있다. 나아가 지역 차원의 공간개념을 확장해 문제해결의 역량을 담기 위한 새로운 기제로서 역할에 기대가 된다. 무엇보다 디지털 플랫폼에 기반한 미래 지향적 활동과 지역 학생의 교육복지를 위한 AI, 메타버스 등 정보통신 기술교육, 지역경제 활성화를 위한 유관 이해관계자의 협력의 장으로서 활용가치를 높일 수 있다.

디지털 사회에서 공공서비스의 제공은 효율성을 높이고, 특히 복잡한 이해관계자의 요구가 반영되는 과정에서 상호 다양한 역할의 전환이 가능해지도록 플랫폼정부의 작동이 가속되고 있다. 이전에는 기관별로 개별적인 서비스를 국민에게 제공하고 국민은 각각 정부 기관에 접속해야 하는 형태였다. 그러나 기관 간 데이터 공유와 협업의 상승효과는 제공되었던 개별적 서비스가 새로운 서비스를 창출하면서 더 높은 수준의 정보 가치를 누릴 수 있다는 점에서 의의가 크다. 이와 함께 플랫폼의 확장성 강화와 국민에게 유용한 서비스를 제공해 주는 거버넌스 생태계 구축이 중요해졌다. 이제는 국민이 직접 참여해 정책을 제안하고 서비스의 발굴과 제공이 한 장소에서 이루어질 수 있는 시대이다.

디지털플랫폼정부의 추진 과정을 통해 완성도를 높이고자 노력했는데, 그 과정에서 첫째 조건은 데이터의 공개와 공유를 우선했다. 정부 각 부처에서 생성되는 데이터의 공개와 공유는 협업을 진척시킬 수 있는 주요 요소다. 민간 기업과 정부가 협력해 데이터 산업 활성화를 위한 노력이 필요하며, 생태계 확장을 위한 과감한 접근이 요구된다.

○ 데이터 기반의 행정 패러다임

　정부는 데이터·인프라를 제공하고 민간이 혁신적인 서비스를 주도하도록 유도해야 하는 것이 최근 주장되는 논의이다. 공공재인 데이터를 누구나 쉽게 사용할 수 있도록 환경 조성이 필요하며, 이의 활용을 도모하기 위해 데이터의 활용 및 품질제고를 통해 이용이 원활하게 이루어질 수 있도록 해야 한다. 데이터맵 디렉토리, 데이터 간 상호호환성 확보, 데이터 표준화를 통한 활성화 강화 등 지속적으로 기반마련을 위한 조치가 단계별로 추진이 되고 있다. 데이터 기반의 행정은 정부신뢰와 밀접한 연관이 있다. 일하는 과정의 효율성을 넘어서 투명성 확보는 사회신뢰로 이어진다. 무엇보다 '사회적 신뢰 시스템' 구축을 위한 초석으로서 의의가 크다.

　데이터를 활용한 디지털정부의 역할은 이전과 달리 새로운 기반의 서비스 강화를 요구하고 있다. 일례로 국가재난 대응체계의 경우 IoT, SNS, CCTV, 위성 등을 활용해 재난·재해 데이터를 실시간 분석하고 선제적 대응체계가 가능하도록 구축하고 있다. 나아가서 가상·증강현실을 활용한 시뮬레이션을 통해 사전예방 효과를 높일 수 있는 방안도 이어지고 있다. 더불어 네트워크와 데이터를 충분히 저렴하게 활용할 수 있는 제도적 인프라 마련과 신기술 기반에서 나타나는 또 다른 정보 소외 계층도 함께 고려해야 하는 주요 요소이다. 초연결 사회의 재구조화에 따른 기본권의 정립, 사회 질서 형성 및 유지, 행정목적 달성을 위한 정부 기능의 재정립과 지방정부의 주도적 역할에 대한 설계가 필요하다(김영미, 2018).

　인공지능을 주축으로 하는 지능정보 신기술은 정부를 어떻게 변화시킬 것인가. 정부 내부적으로는 합리적이고 과학적인 증거기반의 정책결정, 일하는 과정에서의 효율성과 효과성을 배가시키기 위한 차원에서 단계를 올리는데 주력하고 있다. 외부적으로는 공공서비스의 효과적 전달체계 확보와 시민참여, 시민이 주도하는 서비스 패러다임의 재편 등 빠른 변화를 수용하고 시도하고 있다. 기술과 서비스는 별개가 아닌 상호 연계성을 중심으로 통합적 접근이 필요하다. 미래 정부의 모습은 다양하게 상상해 볼 수 있을 것이다. 공공서비스의 플랫폼으로서 모바일을 통해 접근하고 생애주기별 맞춤형 복지서비스가 연계될 수 있다는 점도 특별히 놀랍지 않다. 디지털세대인 미래고객을 위해 준비해야 한다. 다양한 시나리오가 필요하다. 좀 더 혁신적 차원의 접근과 시도를 과감하게 던져야 할 때이다.

DIGITAL
디지털 전환을 위한 제도와 거버넌스

○ 디지털정부, 디지털플랫폼정부로의 자연스러운 전환, 가치

　'디지털플랫폼정부위원회'는 인공지능을 기반으로 부처·기관에 흩어져 있는 데이터를 하나의 플랫폼에 모아 국민 맞춤형 서비스의 새로운 가치를 창출하기 위한 '디지털플랫폼정부 실현계획'을 발표했다. IT 강국, 전자정부 세계 1위의 브랜드 가치는 신기술 인프라의 구축과 정부혁신의 지속적인 노력에 따른 산물이라고 평가할 수 있다. 그러나 지능정보 기술의 발전은 빠른 속도로 진화하고 있고, 새로운 인공지능 모델이 발표되면서 환경변화도 가속도를 더하고 있다. 기존 방식을 유지한 대국민 서비스 체제로는 풀어가기 어려운 난제들이 복잡하게 얽히고, 고객의 요구도 다양해져 이를 수용하기 위한 새로운 접근이 필요한 시점이다.

전자정부를 뛰어넘어 새로운 디지털 거버넌스로 '하나의 정부', '모든 데이터가 연결되는 정부', 국민이 편안하고 기업은 혁신하고, 정부는 과학적으로 일하는 목표를 담아 디지털정부의 지속적인 변화를 반영하고자 했다. 무엇보다 그동안 현장에서 작동되지 않거나 여전히 남아있는 고질적인 문제해결도 놓치지 않고 제기능을 다 할 수 있도록 계획안에 담고 있다. 이를 위해 인공지능과 데이터에 기반을 둔 인·허가 간소화, 첨부서류 제로화, 맞춤형 국민 혜택 알림서비스 등을 핵심으로 사회 전체의 효율성을 제고하는데 초점을 두었고, 정부24를 통해 지속적인 고도화를 추진하고자 했다.

디지털 전환은 정부는 물론 민간 기업에서도 다양한 유형의 생태계를 활성화하면서 성장했고, 시장기능의 확장성을 토대로 글로벌 경쟁력을 강화하기 위한 도전의 일환으로 지속가능한 정부를 체계에 반영하고 있다.

○ 데이터 기반의 강화와 활성화 노력

　지능정보 기술의 활용을 통한 사회문제 해결이 중요한 아젠다로 강조되고 있다. 이와 연관해 정부경쟁력 강화를 위한 새로운 전략과 접근이 필요하다. 인공지능 기술의 밑거름이 데이터라는 것은 이미 알려진 사실이다. 데이터 경제로의 성공적인 전환을 위해 데이터의 사용이 필수요건이지만 무엇보다 안전한 사용이 전제되어야 한다. 이에 데이터 이용 관련 규제혁신과 함께 개인정보 보호체계의 정비를 위한 각계의 의견수렴을 통해 '데이터 3법'안[06]이 통과 및 시행되었다. 데이터 3법은 개인정보의 가명처리, 개인정보 보호를 위한 거버넌스 체계의 효율화 및 개인정보 처리자의 책임소재 강화와 개인정보 여부의 기준을 명확하게 하는 내용 등을 주요 골자로 하고 있다. 데이터를 개인의 자산으로 인정하고 보호를 강화하되, 여러 경제활동에 적극적으로 활용할 수 있도록 하는 방안의 마련이 관건이다. 무엇보다 데이터의 주체가 권한을 가지고 자신의 정보를 관리, 통제할 수 있도록 하는 '마이데이터' 개념이 급부상하게 된 것이다. '마이데이터'에 관한 금융위원회의 정의를 보면 "개인이 정보 관리의 주체가 되어 능동적으로 본인의 정보를 관리하고, 본인의 의지에 따라 신용 및 자산 관리 등에 정보를 활용하는 일련의 과정"이라고 제시하고 있다. 현재 정부 및 기업체가 확보하고 있는 데이터의 사용 권한을 개인에게 이

06　이 법은 「개인정보 보호법」, 「정보통신망 이용촉진 및 정보보호 등에 관한 법률」(정보통신망법), 「신용정보의 이용 및 보호에 관한 법률」(신용정보법) 등 세 가지 법률의 명칭을 따 일명 '개망신법'이라고도 불린다.

양하는 것으로, 보호된 개인정보를 보다 적극적으로 활용할 수 있도록 하는 취지가 반영된 것이 마이데이터의 핵심이라고 볼 수 있다.

유럽연합도 이미 2016년 4월, 유럽연합 일반 데이터 보호 규칙(General Data Protection Regulation: GDPR)을 채택함으로써 전 세계에서 마이데이터 움직임을 선도하고 있으며, 싱가포르의 Myinfo는 개인이 공공기관에 저장된 데이터의 사용을 동의할 경우, 온라인 거래 시 개인정보를 반복적으로 제공할 필요 없이 자동으로 데이터를 제공하는 서비스를 실행하고 있다. 무엇보다 데이터들이 국제표준코드를 사용하게 되면 저장된 정보들을 활용할 때 유용하며 지속적인 서비스의 편의성을 도모할 수 있다는 점을 주목하고 있다.

우리 정부도 각종 행정·공공기관에 산재되어 있는 최소한의 개인정보를 한 번에 모아 간편하게 서비스를 신청할 수 있는 '공공마이데이터 서비스'를 개시했다. 주요 서비스는 소상공인, 일자리, 금융 등 6개 관계기관에서[07] 운영 중인 서비스를 중심으로 적용해 국민들에게 제공된다. 또한 최근 사회적으로 데이터 주권 확립이 중요해지는 가운데 '공공 마이데이터 서비스'의 도입 및 추진을 통해 국민 편의성을 높이고자 했다. 국민이 공공·민간기관에서 제공하는 여러 서비스를 받기 위해 해당 기관에 제출해야 하는 증명·구비서류 등에서 필요한 데이터 항목만 발췌해 데이터 꾸러미로 제공함으로써 본인의 행정정보를 직접 활용할 수 있게 한다는 점이다. 업무처리 기관에서도 공공 마이데이터를 통해 문서의 진위 확인

---

[07] 보건복지부, 소상공인시장진흥공단, 경기도일자리재단, 한국신용정보원, 신용회복위원회, 한국부동산원

이나 서류 검토, 입력 등의 절차가 간소화되어 효율성을 높일 수 있는 발판이 될 수 있다.

데이터 분권

데이터 분권은 중앙정부 주도의 디지털화 과정에서 중앙부처로 몰려 있는 지역의 데이터를 지방자치단체도 쉽게 접근해서 자유롭게 이용할 수 있게 하는 것을 의미한다. 나아가 지방자치단체 상호 간에도 지역 데이터를 공유하고 활용할 수 있게 하는 체계이다.

지방자치단체는 데이터를 어떻게 활용할 수 있을까? 지역에서 생성되는 데이터를 분석해 지역 현안을 해결하는데 활용할 수 있다. 이는 데이터 활용의 기본적인 기능으로, 모든 지방자치단체가 데이터 분석이 가능해진다면 지방자치단체별로 다양한 문제해결의 사례가 도출되고 이를 통한 상호 문제해결의 역량이 강화될 수 있을 것이다. 또한 지방자치단체 간 데이터 공유를 통해 상호 상생효과를 높일 수 있을 것으로 기대된다.

지역의 현안을 중심으로 문제해결을 위한 협업의 구도는 상호발전을 위한 상생효과를 높일 수 있다. 데이터의 의의는 지속적인 생성과 수집 및 활용을 통해 품질이 제고될 수 있다는 점에서 지방자치단체 간 데이터 공유는 필수적인 사안이다.

이제는 지방자치단체도 데이터를 수집하기 위해 중앙정부나 특정 기관에 의존하는 것이 아니라 자체적으로 방향성을 정해서 데이터를 수집하고 관리하는 역량을 길러야 한다.

지방자치단체가 발전의 주축이 되거나 중앙-지방자치단체 간 협력체계가 구축되는 등 지방자치단체의 역할이 강화되고 있다. 지역혁신 체제를 구성하고 새로운 신기술 지능정보 기반의 인프라를 구축하기 위한 차원에서 지역의 특수성을 최대한 반영해 차별화된 산학시스템을 구성하도록 유도하고 있다.

○ 지역 경쟁력 확보 노력

지역혁신의 패러다임도 변화하고 있으며, 기술혁신을 통한 지역발전의 질적인 역량을 제고하기 위한 차원에서 지역의 산학협력 발전모델을 한 단계 상승시켜 접근할 필요가 있다. 지역혁신을 위한 거버넌스 체계 구축은 기존의 전통적 산학협력 모델을 넘어 시민단체가 포함된 공동체 형성도 중요한 기제로 작용한다. 지방자치단체, 지역기업, 대학과 연구기관, 시민단체로 구성된 공동체가 연계해 협력적 거버넌스 체제를 구축하고 지역의 경쟁력을 확장하기 위한 역할이 점차 강화되는 추세이다. 지역의 대표 기업이 활성화될 수 있도록 지역혁신 거버넌스의 구조 변화도 중요한 의미를 갖는다.

지역의 이해관계자 및 구성원들 간 협력과 의사소통을 원활하게 하여

파트너십 관계 형성을 유도해야 할 것이다. 특히, 지역혁신 거버넌스 내에서 산·학·연·관의 연계 채널은 하위요소이며, 우선적으로 공동체를 중심으로 상호 유기적 협업구도를 도모하는 것이 쟁점이다.

지역경쟁력 강화를 위해서는 지역의 현안을 해결하기 위한 이해관계자 간의 네트워크 활성화가 필요하다. 최근 지역혁신 모델로 리빙랩 네트워크의 활성화가 강조되고 있으며 지역별 선도 사례로 제시되고 있다. 리빙랩은 활동의 주체를 크게 사용자, 이해관계자, 전문가의 협업구조로 구성하며, 각 주체별로 단계별 운영을 진행하는 모습을 보여준다. 사회문제 해결형 연구개발 사업의 운영 및 관리 방안을 제시하여 지역사회가 직면한 사회적 과제에 대응하도록 유도하고 있다.

지역균형 발전이라는 거시적 과제를 수행하기 위한 차원에서 지역의 상황은 각각 편차가 크고 환경여건이 다르므로 동일한 기준에 의한 균형 발전을 유도하는 데 한계가 있다. 지역의 기반을 이루는 기간산업과 경제구조의 차이 역시 획일적 균형 발전의 모델에 부합하기 어려운 딜레마를 내포하고 있다. 따라서, 지역별 환경여건에 맞는 지역상생 거버넌스 모델이 차별적으로 접목될 필요가 있다.

○ 디지털 플랫폼의 확장성을 위한 현장의 변화

대국민 서비스의 일선 업무인 민원 처리과정은 지속적으로 변화가 이루어진 영역이지만, 여전히 서비스 혜택을 둘러싼 불편함이 지속되고 있어 우선적으로 해결이 가능하도록 풀어가고자 했다. 민원을 신청하면서 수많은 제출 서류를 발급받게 되는데, 예를 들어 주택 청약, 부동산 등기, 은행 대출, 복지 신청, 개인 관련 각종 증빙 서류 등이 해당 된다. 민원서류를 발급받기 위해 들이는 시간과 공을 생각할 때 새로운 개선 방안이 필요함에 공감한다. 그동안 발부된 민원서류가 연간 약 7억여 통에 달했다고 하는데, 엄청난 분량의 서류를 처리하는데 들어가는 행정비용도 만만치 않았을 것이다. 국민의 관공서 제출 서류를 획기적으로 없애기 위해 기관들이 서로 보유하고 있는 정보를 공유하면 굳이 민원서류를 각각 발급받아 제출해야 하는 불편함을 없앨 수 있다. 아직까지도 이어지는 이런 번거로움을 디지털 플랫폼 전환을 통해 해소하고자 했다. 특히 모든 데이터의 연결을 통해 문제해결 방안을 제시하고 있으며, 앞서 언급한 바와 같이 관공서 제출 서류를 더 이상 발부받아 내지 않아도 되도록 변화를 주도하고 있다. 이는 마이데이터를 통해 국민 개인별 맞춤형 서비스의 실현이 가능하다. 그러나 개인정보 유출, 오·남용에 따른 우려도 있어 개인정보에 대해 좀 더 주체적으로 데이터를 활용할 수 있도록 제안하고 있다. 또한 부동산 등기를 위해서는 총 17종의 서류를 준비하게 되어 있는데, 등기소에 등기를 신청하면 등기소가 행정기관들과 데이터를 주고받아 서류를 직접 떼서 제출할 일이 없어지도록 방안을 담고 있다. 국민은 기관 간 정보가 연결되는 것을 직접 알 필요가 없고, 본인이 원하는 서비스를 신청하고 정보 제공에 대한 동의만 하면 되도록 행정절차의 간소화를 추구하고 있다. 특히 대상별, 영역별, 지역별로 차이가 발생하는 민원처리 결과의 차이나 모호한 접근의 불편함을 해소하고, 쉽고 편리한 방식, 안전하게 진행될 수 있도록 한다. 부처별 정보공유와 융합은 엄청난 시너지 효과를 낼 수 있다. 이제부터는 실천을 통해 실효성을 높이기 위한 노력이 이어져야 한다.

공유와 협력, 융·복합교육을 통한 새로운 기회의 선점이 필요하다. 이를 위해 기업뿐만 아니라 사회 여러 분야에서 융합 신기술과 결합한 생태계의 활성화가 이어져야 할 것이다. 플랫폼으로서의 지방자치단체는 지역발전의 핵심 주체로 제 역할을 수행할 수 있도록 과감한 변화가 필요하다.

플랫폼이 갖는 특징은 협력을 조력하는 생태계로서 협력적 관계를 유지해 네트워크 효과와 외부 효과를 최적화하는 것이다. 플랫폼은 시스템과 서비스의 연결이 이루어 낼 수 있는 무한 가치를 담을 수 있다. 지역균형 발전을 위한 노력의 아이템들이 플랫폼을 통해 무한 성장하길 기대해 본다. 무엇보다 지방자치단체의 플랫폼 기능이 작동되어 지역정보화의 새로운 역할과 기능을 통한 지역경쟁력 강화가 이루어져 한다.

Digital Transformation
and Public Services

디지털 전환과 공공서비스

04

Digital Transformation and Public Services

AI 정부로의 대전환

DIGITAL
예측행정과 맞춤형 서비스

○ 왜 데이터에 주목하는가?

최근 국제정세를 보면 인공지능을 둘러싼 국가 간 패권 전쟁이 치열함을 볼 수 있다. 데이터를 둘러싼 패권 전쟁은 전통적인 군사력이나 경제력 중심의 국가 경쟁이 데이터를 중심으로 재편되고 있음을 의미한다. 데이터가 인공지능, 빅데이터, 클라우드, 사물인터넷 등 미래 기술 발전의 핵심 자원으로 떠오르면서, 이를 확보하고 활용하는 국가가 새로운 글로벌 경제 질서를 주도할 것으로 예측된다. 특히 데이터 주권(data sovereignty)의 중요성이 강조되면서, 자국민과 자국 기업이 생성하는 데이터를 다른 국가에 종속되지 않고 독립적으로 관리하려는 움직임이 강화되고 있다. 이는 국가 차원의 데이터 보호 규제 강화로 이어지고 있다.

데이터는 경제적 영향력을 재편하는 핵심 요소이며, 데이터를 효율적으로 수집·활용·통제할 수 있는 국가나 기업이 글로벌 시장에서 우위를 점하고 경제적 영향력을 확대하고 있다. 더불어 데이터 확보 경쟁은 인공지능 기술 패권과 밀접하게 연계되어 있는데, 인공지능 기술 발전은 대규모 데이터의 확보와 분석 역량에 달려 있다고 해도 과언이 아니다.

현재 미국과 중국 간 기술 패권 경쟁에서도 데이터 확보 및 통제, 데이터 표준화, 활용 주도권 등을 둘러싼 갈등이 핵심 요소로 등장하고 있다. 데이터 이슈는 이처럼 민감한 안보 문제와 연계되면서 국가 안보의 중요한 요소로 인식되고 있는 상황이다. 또한 데이터의 이동이나 저장 위치, 데이터 보호 규제의 차이로 인해 국제사회에서 새로운 지정학적 긴장과 갈등이 발생하고 있다. 이처럼 데이터 경쟁이 심화될수록 개인정보 보호와 데이터 활용 사이의 균형 문제가 대두되고 있으며, 국가 차원에서 윤리적·정책적 대응이 요구되는 상황이다. 데이터 패권 전쟁은 미래의 글로벌 질서를 결정하는 핵심적인 요소로 주목받고 있음을 눈여겨봐야 할 것이다.

○ 데이터 전쟁

불과 얼마 전 OpenAI의 ChatGPT가 세상의 이목을 끌어 모았는데, 중국에서 발표한 딥시크(DeepSeek)에 전 세계가 또 한번 술렁거렸다. 중국의 인공지능 스타트업인 딥시크의 등장은 글로벌 인공지능 경쟁 구도를 바꾸는 중요한 변곡점으로 평가된다. 딥시크는 기존의 GPT-4 수준의 추론 능력을 기존 모델의 10분의 1에 불과한 비용으로 구현해 내면서, AI 기술개발의 경제성을 획기적으로 개선했다. 특히 딥시크의 'R1 모델'은 출시 직후 미국 등 글로벌 시장에서 급속히 확산되며 애플 앱스토어 다운로드 1위를 기록하는 등 빠르게 인기를 끌었다.

딥시크는 최첨단 인공지능 모델을 출시하며 실리콘밸리에도 큰 충격을 던졌는데, 많은 전문가들이 발상의 전환이라는 점에 높은 평가와 기대를 모았다. 무엇보다 딥시크는 오픈 소스 리소스로 제공되는 모델로 OpenAI, Google 및 Meta와 같은 기존 플레이어의 지배력에 보란 듯이 도전하는 모습을 보여주었다.

2023년 5월에 설립한 딥시크는 독립적으로 운영되지만 자금지원은 AI 업계의 저명한 인물인 량웬펑(Liang Wenfeng)이 설립한 퀀트 헤지펀드인 하이플라이어(High-Flyer)가 맡는 등 비교적 연구에 집중할 수 있도록 독려하는 구조가 관심을 끌었다. 딥시크는 외부 투자자의 압박 없이 인공지능 프로젝트를 추진할 수 있었고 장기적인 연구개발의 우선순위를 정할 수 있었다는 평을 받았다.

딥시크는 기존 방법과 달리 순수 강화 학습(Reinforcement Learning: RL)을 사용해 모델이 시행착오를 통해 학습하고 알고리즘 보상을 통해 자체 개선할 수 있도록 한다. 이 접근 방식은 DeepSeek-R1의 추론 기능을 개발하는데 특히 효과적이라고 본다. 본질적으로 딥시크 모델은 인간이 경험을 통해 학습하는 방식과 유사하게 환경과 상호 작용하고 행동에 대한 피드백을 받아 학습한다. 좀 더 정교한 추론 능력을 개발하고 새로운 상황에 더욱 효과적으로 적응할 수 있는 점이 긍정적 평가를 받고 있다.

실리콘밸리 생태계에 충격을 던진 딥시크가 시장에 미치는 영향은 어느 정도일까? 딥시크 발표 이후 NVIDIA 주식이 요동을 치고 중국의 인공지능 연구와 시장의 확장성에 대해 긴장하게 만드는 순간이었다. 물론 딥시크도 라마(LLaMA, 메타)를 재학습시키는 데서 시작했고, 앞선 오픈소스 리소스 활용에 힘입어 선발주자를 딛고 넘어설 수 있었다는 평가도 있었지만, 무엇보다 알고리즘 기술력의 전환을 통해 새 영역을 구축해 나가는 것은 진지한 발상의 전환임을 깨닫게 한다.

이 생태계에서 최대 승자는 과연 누가 될까? AI를 활용하는 기업, 고유 데이터를 보유한 기업은 여전히 강세일 것이다. 온디바이스 인공지능(On-Device AI)의 고도화는 스마트폰부터 시작해서 우리 생활에 더 깊이 변화를 줄 것이다. 우리가 LLM에 보수적으로 주력했던 기존 접근 방식에서 눈을 돌리는 계기를 보여준 딥시크는 비용도 높지 않아 접근성의 확장이 클 것으로 예견되었다.

인공지능 분야의 심장부인 실리콘밸리에서는 자고 나면 여러 모습의 인공지능이 성큼 다가와 있어 긴장의 끈을 놓을 수 없다고 한다. 경쟁이 치열한 시장 속에서 인공지능은 무르익고 있다. 그래도 기본은 데이터이다.

○ **데이터를 중심으로**

인공지능의 가장 기본은 데이터다. 데이터 없는 인공지능의 성립은 매우 제한적일 수밖에 없다. 데이터는 가장 기초 분야로 지능정보 사회의 원천으로 불리기도 한다. 스마트폰을 통해 교류하는 의사소통 과정에서 상상을 초월하는 데이터가 발생 되고, 공공 부문 역시 마찬가지로 행정업무를 실행하는 과정에서 발생되는 거대 데이터는 그대로 흘러가서 버려지는 폐기물이 아닌 자산으로서의 가치가 급상승하고 있다. 기기의 발전은 지속적으로 공공 부문의 일하는 방식을 변화하게 한다. 기존의 역할에서 벗어나서 새로운 모습으로 변신하지 않으면 안 된다.

지방자치단체는 행정서비스를 직접적으로 전달하는 실천의 장이다. 각 지방자치단체별로 지역에 맞는 다양한 서비스를 발굴하고 제안하는 과정에서 지역 간 차별화된 아이디어가 경쟁적으로 이어지고 있다. 지방자치단체의 현실이 대동소이하고 지역주민들이 원하는 행정서비스가 유사한 경우가 많을 텐데도 지방자치단체 공무원은 여러 방법을 동원해서 지역의 현실에 최적화된 서비스를 발굴하거나 개선하고자 노력한다. 과거에도 새로운 방식의 행정혁신이 있었고, 지금까지도 정부혁신으로 이어지면서 새로운 신기술을 활용해 지속적으로 고객의 입맛에 맞는 서비스를 만들고자 노력이 이어지고 있다.

지방자치단체도 기업과 같이 고객의 눈높이를 의식하고 수요자 중심, 맞춤형 서비스에 이르기까지 생활밀착형 서비스를 개선하고자 주력하고 있다. 한 제품에 집중하면 지속적으로 다양한 아이디어 상품이 개발될 수 있다는 지론(持論)을 증명하듯이 이전과 비교해 본다면 지방자치단체의 모습은 상당히 변화되고 있다. 무엇이 이토록 빠른 변화를 이룰 수 있게 했을까? 지방자치단체 공무원의 혁신적 열정, 지역주민의 성숙한 의식 변화, 이를 가능하게 해 준 수단으로서의 ICT 인프라 등 이 모든 것들이 균형 있게 조화를 이루면서 녹아들어 공공서비스로 재탄생 되는 계기가 될 것이다. 지역의 생활밀착형 서비스가 갖는 의미는 지역의 특성을 반영할 수 있다는 점에 있다. 따라서 지역기반의 데이터 생성부터 활용에 이르기까지 지역 중심의 접근이 필요하다.

○ 데이터의 위력: 문제해결을 위한 플랫폼

우리는 인공지능의 활성화로 인해 로봇이 노동력을 대치하게 된다고 예측하고 있다. 특히 인공지능을 활발하게 활용하는 사례는 온라인 서비스 기업인 아마존(Amazon)이 대표적인 예에 해당되며, 이미 일자리 상실

문제, 개인의 프라이버시 침해 문제 등을 중심으로 우려와 논의가 이어지고 있다. 또한 우리는 여전히 '꼼짝마' 규제에 대한 기업의 우려도 풀기 어려운 과제로 남아 있다. 반면 인공지능을 활용해 집단적 의사결정을 촉진하고 사회문제를 해결하는 로봇을 개발하는데 주력해야 함에 주목하는 경우도 있다. 이런 면에서 지역은 생활밀착형 서비스를 개선하고 지역문제를 해결하기 위한 기제로 신기술을 적극 활용해 볼 수 있는 좋은 여건을 갖추고 있다. 디지털정부는 새로운 트랜드에 맞는 개편이 필요하며, 현장에서 새로운 출발을 기대해 본다. 현장에서 생성되는 많은 데이터를 적극 이용해 문제를 해결하는데 활용하고 즉각적인 해결사례를 공유해 상생효과를 제고해야 한다.

스마트의 중심은 기술이 아니라 사람이며, 국민과 함께 하는 정부혁신의 새로운 사례가 만들어 질 수 있는 중요한 시기이다.

인구의 대도시 쏠림현상은 지역의 경쟁력을 약화시키는 가장 위협적인 요소다. 이를 가속화시키는 요인 중 하나가 생활 필수 시설인 대형병원의 접근성이 보장되지 않는 점인데, 인공지능 기술을 활용해 개선하고자 하는 노력들이 이어지고 있다.

앞서 언급한 미국의 가상 의료회사인 텔레닥(teledoc)은 코로나19로 이동 제한령(lock down)이 시행된 도시에서 자연스럽게 수요가 증가했고, 앱을 활용해서 서비스를 제공하는 형태로 의사와 환자 모두에게 도움이 되는 시스템을 구축했다고 한다. 최근에는 아마존의 스마트 스피커를 통해 텔레닥의 원격의료를 사용할 수 있도록 협업체계를 구축하고 있다. 인공지능을 기반으로 하는 디지털 플랫폼은 디지털 디바이스의 기술과 안정성, 효능 등을 중심으로 원스톱 서비스가 진행될 수 있다는 점에서 문제해결의 가능성을 높여주고 있다.

○ 맞춤형 서비스와 공무원 AI 역량

AI 정부는 이전의 전자정부와 달리 공무원이 적극적으로 생성형 AI를 활용해야 함을 강조하고 있다. 일하는 방식의 혁신은 신기술의 등장과 정부가 바뀔 때 마다 등장하는 주요 과제이었지만 지능정부에서는 특히 생성형 AI를 활용할 것을 요구하고 있다. 그 이유를 보면 첫째, 행정업무의 효율성을 획기적으로 높일 수 있기 때문이다. 생성형 AI는 반복적이고 정형화된 업무를 신속하게 처리함으로써 공무원이 좀 더 복잡하고 중요한 업무에 집중할 수 있도록 돕는다. 이는 행정의 생산성을 높이고 업무처리 속도를 단축시키는 효과를 가져올 수 있을 것으로 기대된다.

둘째, 정책 결정의 품질과 정확성을 높일 수 있기 때문이다. 생성형 AI는 방대한 데이터를 신속히 분석해 객관적이고 정밀한 정보를 제공하며, 이를 기반으로 한 정책결정은 인간의 직관이나 편향에서 비롯되는 여러 오류의 가능성을 줄일 수 있다는 점이다. 즉, 좀 더 신뢰할 수 있는 결과를 얻을 수 있을 것이라는 기대감이 크다.

셋째, 개인화된 맞춤형 행정서비스가 가능해지기 때문이다. 생성형 AI

를 활용하면 국민 개개인의 요구를 실시간으로 분석하고, 이를 바탕으로 개인 맞춤형 행정서비스를 제공할 수 있다. 이는 긍극적으로 국민 만족도를 높이고 정부에 대한 신뢰를 강화하는데 기여할 수 있다.

넷째, 미래 행정 환경 변화에 적극적으로 대응하기 위해서이다. 전 세계적으로 인공지능을 중심으로 행정서비스가 빠르게 혁신되고 있는 상황에서, 공무원이 생성형 AI 활용 역량을 갖추지 못할 경우 글로벌 행정혁신의 흐름에서 뒤처질 가능성이 높다. 선제적인 대응과 준비가 필요한 시점이다.

다섯째, 디지털 거버넌스 시대에 필요한 역량을 확보해야 한다. 생성형 AI 활용 역량은 향후 공공 부문의 핵심 직무역량으로 자리 잡을 것으로 전망된다. 이에 공무원이 AI 역량을 갖추고 적극적으로 활용한다면, 공공서비스의 질적 향상뿐 아니라 공직 내 경쟁력과 전문성 확보에도 기여할 수 있다.

여섯째, 정부혁신과 창의적 업무문화 조성의 기회를 제공하기 때문이다. 공무원이 생성형 AI를 활용하면 업무처리 방식이 혁신되고 창의적 사고가 촉진될 수 있을 것으로 기대된다. 불필요한 일, 반복적으로 추진되는 일은 로봇과 인공지능 수단을 활용하고 중요도가 높은 일, 가장 중요한 일, 실효성을 높일 수 있는 일에 우선순위를 부여해 집중하도록 해야 한다. 이는 공직사회에 새로운 혁신 문화를 형성하고, 업무수행 방식의 근본적 변화를 이끄는 계기가 될 것이다.

지속가능한 디지털 행정

○ 지능정보 기술의 가속화

그동안 추진되어 온 전자정부, 디지털정부는 정부 차원에서 원스톱 서비스의 새로운 보강이면서 동시에 서비스 중심의 IT 산업 생태계의 변화를 담고 있다. 나아가 공간개념을 확장해 문제해결의 역량을 담기 위한 새로운 기제로서 역할을 했다. 최근 빠르게 진전하는 인공지능 기술은 공공 부문에서 행정서비스의 효율성과 신속성을 향상시키는데 우선한다. 인공지능과 빅데이터 분석 등 지능정보 기술을 활용하여 민원처리나 반복적이고 정형적인 업무를 자동화하여 행정 업무처리를 대폭 빠르게 처리할 수 있다. 이전의 행정 효율성이 갖는 의미나 가치를 넘어 속도와 정확도를 포함하는 넓은 의미의 재평가로 이어진다. 자동화와 지능화를 통해 기존의 서류 중심 업무처리가 축소되고, 서비스 제공 과정이 간소화되어 행정 운영 비용의 절감 효과도 기대할 수 있다.

지능정보 기술은 맞춤형, 개인화된 행정서비스 확대을 통해 국민 개개인의 특성과 상황, 수요를 정밀하게 분석하여 맞춤형 행정서비스를 제공할 수 있다. 특히 개인별로 최적화된 복지혜택, 의료, 교육, 고용지원 등 서비스 제공이 가능해지며, 국민 삶의 질 향상과 정부 신뢰도 높아질 수 있다. 또한 대규모 데이터를 실시간으로 분석하여 정확한 예측과 정밀한 정책 결정을 지원한다. 객관적이고 과학적인 데이터에 근거한 정책 수립이 이루어지면서 정책 실패 가능성을 줄이고 정책의 품질과 정확성을 높일 수 있다. 따라서 지능정보 기술을 활용하는 공무원의 역할도 자연스럽게 재편이 되며, 지능정부에서의 새로운 역량 개발도 병행되어야 한다. 계층제가 적용되는 관료제 조직문화에서 공무원이 창의력을 발휘한다는 일은 매우 어려운 한계를 갖고 있었다. 그러나 업무의 내용과 처리하는 방식이 달라지면 당연히 창의적이고 전략적 의사결정 업무로의 전환도 이루어질 수 있을 것이다. 행정처리를 잘하는 역량과 함께 데이터 분석, AI 이해, 전략적 사고, 문제 해결 역량 등이 강화될 수 있을 것이다.

지능정보 기술은 예전의 정보격차 수준을 벗어나 데이터 기반으로 맞춤형 서비스 지원이 가능해짐에 따라 공공서비스의 접근을 높일 수 있다. 지역, 시간, 계층 간 서비스 이용 격차를 해소하여 사회적약자나 소외계층의 공공서비스 이용확대 및 접근성을 향상시킬 수 있을 것이다.

또한 위험관리 및 위기대응 능력을 강화하는 기제로도 그 역할이 기대되는 점이다. 자연재해, 전염병 확산, 경제적 위기 등 국가적 위험 상황 시 AI 기반의 조기경보 시스템이나 예측 모델을 통해 국가적 위기를 신속하게 인지하고 효율적인 대응이 가능해질 것이다.

지능정보화의 가속화는 이처럼 공공 영역 전반에 걸쳐 커다란 혁신과 변화를 가져올 것으로 예상된다. 이를 위해 공공 부문은 AI 역량 강화와 함께 데이터 기반의 혁신적 행정 생태계를 구축하는 것이 중요하다.

○ 문제해결을 위한 새로운 시도

데이터를 기반으로 전환을 시도한 일본의 아이즈와카마츠시는 의미 있는 사례이다. 지난 동일본대지진(2011.3) 이후 전형적인 중소도시의 특성을 보여 주었던 아이즈와카마츠시는 인구감소와 유출 및 제조업의 붕괴로 위기상황에 빠졌다. 이를 극복하기 위해 지역의 아이즈대학과 연계해 변화를 위한 방향성을 모색하고자 노력했다. 지방의 전형적인 1차산업 중심의 도시였던 아이즈와카마츠시는 다양한 분야에서 ICT를 활용한 산업창출과 인재육성을 위한 스마트시티로의 전환 및 실증도시를 추진했고, 일본 정부가 추진하던 지방창생 모델도시로서 타 지역에 확산모델을 보여 주었다고 한다. 무엇보다 차별화된 스마트시티 전략을 마련하여 추진했고, 데이터 중심의 스마트시티와 특정 분야의 첨단 기술과 제품 도입보다는 다양한 분야에서 데이터를 활용할 수 있는 환경을 정비하는데 주력했다. 특히 주목할 만한 부분은 데이터 분석 인력(데이터 사이언티스트)을 위한 인재양성을 지역의 아이즈대학과 데이터 관련 기업의 유치와 연계하여 추진했다는 점이다. 특정기업에 의존하지 않고 여러 이해관계자의 참여, 예를 들면 ICT 기업과 연구기관, 유관조직, 시민 및 시민단체 등 대상을 다원화해 장을 마련하는 등의 적극적 시도가 있었다. 지역전체가 살아서 움직이는 실험장(오픈랩)으로 추진해 실질적인 데이터 중심의 스마트시티가 구축될 수 있도록 했으며, 시민들의 마이데이터 활용의 승인 등 자발적 데이터 제공의 기반 마련, 행정데이터 등 원천데이터 수집이 용이

하도록 했다. 수집된 데이터는 Open Data 기반의 플랫폼에 축적하고, 축적된 데이터를 활용해 아이즈대학에서는 문제해결형 데이터사이언스 강좌를 운영하도록 하여 대학의 역할 및 역량을 강화하는 발판이 될 수 있었다. 지방정부는 기업·대학과 함께 다양한 데이터 기반의 스마트시티를 통한 서비스 제공 강화의 형태로 추진되었다. 축적된 데이터를 기반으로 대학의 역량강화 및 기업유치의 선순환체계를 확립하는데 다양한 이해관계자의 적극적 참여를 유도한 점도 놓쳐서는 안 되는 관건이다.

무엇보다 데이터 중심의 스마트시티는 시민의 데이터가 집적되는 지역정보 포털사이트이면서 시민 개인의 속성정보(연령, 성별, 가족관계 구성 등)를 바탕으로 개인별 맞춤형 서비스를 제공할 수 있는 발판이다. 더불어 데이터 기반의 다양한 실증사업을 추진했는데, 예를 들면 IoT 헬스케어 플랫폼 사업, 통합 GIS 시스템, 전력 소비 절감효과를 높이기 위한 사업 등 여러 차원에서 실효성을 높일 수 있는 다양한 시도가 이루어졌다. 지역의 대학이지만 아이즈대학은 일본 공립대학 중 창업률 1위(2016년 29개사)를 달성했고, 졸업생의 지역 채용 증가로 청년인구 유출의 감소 등 정착률을 향상시키는 계기가 되었음을 강조한다.

AI 정부로의 전환

AI 정부란 인공지능을 정부의 주요 업무와 정책결정, 행정서비스 전반에 적극적으로 도입해 업무 효율성과 정책의 질을 높이고 국민 맞춤형 행정을 실현하는 정부를 의미한다. 이는 단순히 기술을 활용하는 수준을 넘어, AI 기반의 데이터 분석과 자동화를 통해 의사결정 방식과 서비스 전달 구조 자체를 근본적으로 혁신하는 정부이다.

AI 정부는 행정 프로세스가 자동화되고 신속해지면서 반복적이고 단순한 업무 부담이 줄어들고, 공무원이 창의적이고 전략적인 업무에 더 많은 시간을 투자할 수 있게 변화한다. 또한 데이터 기반의 정책결정이 강화되면서 과학적이고 정확한 의사결정이 가능해지고, 국민 개개인의 요구와 특성을 실시간으로 파악하여 개인 맞춤형 서비스를 제공함으로써 국민 만족도와 신뢰도를 획기적으로 높일 수 있다.

이러한 AI 정부로의 성공적 전환을 위해서는 먼저 공공 부문의 데이터 통합과 개방을 확대해 데이터 생태계를 구축해야 한다. 데이터가 효과적으로 공유되고 활용될 수 있는 환경을 만들어, AI가 실질적으로 활용될 수 있도록 기반을 마련해야 하는 것이다.

또한, 공무원의 AI 역량과 디지털 리터러시를 체계적으로 강화하고, AI를 활용한 업무 수행 역량을 갖추도록 적극적으로 교육하고 훈련해야 한다. AI를 활용할 수 있는 전문인력 확보를 위해 개방형 인재 채용과 민간 협력을 확대하는 것도 필수적이다.

뿐만 아니라 AI의 윤리적 사용과 책임성을 높이기 위한 규제와 관리체계를 마련해, AI 기술의 오남용을 방지하고 사회적 신뢰를 유지할 필요가 있다. 국민과의 소통과 참여 역시 확대해 AI 활용 과정에서 나타날 수 있는 프라이버시, 편향성 등의 문제를 해결하기 위한 사회적 공감대를 확보해야 한다.

결국, AI 정부로의 변화는 기술적 혁신뿐만 아니라 조직의 문화와 사고방식까지 근본적으로 전환해, 정부의 업무 방식과 국민과의 소통 방식을 혁신적으로 바꾸어 가는 과정이 되어야 한다.

DIGITAL
미래 공공서비스의 방향

○ 디지털 전환에 따른 사회 변화

디지털 전환은 디지털 기술을 모든 비즈니스 분야에 적용해 조직을 근본적으로 변화시키는 과정을 의미하며 디지털 트랜스포메이션(digital transformation: DT, DX)이라고도 한다. 이미 많은 기업이 디지털 전환의 중요성을 인식하고 클라우드, 인공지능, IoT, 블록체인 등 핵심 디지털기술 및 데이터를 활용해 비즈니스 생태계 변화를 시도하였다. 기업 경영에서 디지털과 데이터는 없어서는 안 될 지표이며, 빠르게 시장 동향에 따라 변화를 주도한다. 반면 공공 부문은 기업의 변화만큼 빠른 전환을 시도하기가 쉽지는 않다. 공공성이 갖는 다각적인 시각의 형평성, 사회적 수용성 등 고려해야 할 가치가 많아 시간 변수를 통제하는데 어려움이 따른

다. 그럼에도 불구하고 한국 정부는 전자정부, 디지털정부, AI 정부로의 대전환을 시도하며 국민 중심의 행정서비스 지원을 위한 빠른 전환을 과감하게 시도하고 있다.

정부·공공 영역에서도 디지털 전환은 필연적이다. 디지털 기술의 지표를 적용해 관련 서비스업, 제조업, 공공기관 등 다양한 영역에서의 디지털 전환이 본격적으로 이루어지고 있다.

디지털 기술은 새로운 사업의 확장과 신규 일자리 발굴을 통해 생산성을 높일 수 있을 것이라는 점에서 기대감이 크다. 지능정보 기술의 발달은 플랫폼 영향력의 급증과 함께 관련 기업들의 비중 또한 대폭 확대시키고 있다. 플랫폼의 부상과 함께 자연스럽게 주목받는 부분이 데이터 경제다. 데이터의 역할이 단순한 비즈니스 기능 지원에서 벗어나 공급자와 고객 간 새로운 인터페이스로 전환되고 그 자체로 상품이 되는 상황이다. 데이터의 활용이 모든 산업의 발달과 새로운 가치 창출에 촉매 역할을 한다는 점에서 데이터 경제가 주목을 받고 있다. 우리 정부도 코로나19 팬데믹으로 인한 경기침체의 극복과 새로운 성장 기회의 발판을 인공지능과 데이터에서 찾고 있다. 데이터의 생성, 수집, 저장, 처리, 분배, 전달의 단계별 데이터 경제를 촉진해 디지털 경쟁력을 강화하고 나아가 생성형 AI 기반의 디지털 플랫폼 생태계를 확장하고자 한다.

○ 생활밀착형 서비스는 진행형

　공공데이터 개방정책은 2013년부터 「공공데이터법」 시행과 더불어 추진되었고, OECD 공공데이터 개방평가 2회 연속 1위를 달성하는 등 각종 지표에서 공공데이터 개방 선진국을 빠르게 능가하고 있다. 이처럼 데이터 시대가 본격적으로 도래함에 따라 우리 정부도 공공데이터의 민간 개방을 통한 경제 활성화 및 사회적 가치 창출을 위해 공공데이터 개방정책을 적극적으로 추진했다. 최근에는 공공데이터를 활용하는 이용자의 범위가 전문가와 기업, 정부 관계자는 물론 학생과 일반 시민에까지 확대됨에 따라 공공데이터포털의 역할도 변화하고 있다. 데이터 저장소(data repository)의 기능을 넘어 시민참여를 통한 데이터 활용도를 높이고자 이용자 중심의 접근을 유도하고 있다. 사회적 흐름에 부응하기 위한 공공데이터포털은 시민참여의 활성화와 더불어 공공서비스를 개선하고 창안하는데도 직접적인 역할을 수행할 수 있다. 그럼에도 공공데이터 이용 활성화의 걸림돌로 지적되는 부분은 여전히 남아있어 국민 중심의 생활밀착형 데이터를 더욱 적극적으로 발굴하고 개방해야 한다.

　데이터가 중심이 되는 경제 기반의 변화와 지능정보 기술의 진화는 공공서비스의 개선을 촉진한다. 끊임없이 변화하는 IT 신기술과 역동적인 시장의 요구에 힘입어 변화는 매우 빠르게 진행되고 있다. 이는 새로이 구축된 정보시스템이 제 기능을 발휘하기도 전에 낡은 시스템으로 밀리는 현상을 초래하기도 한다. 고객 관점을 최적화하기 위한 대민서비스 및 행정업무의 즉각적인 대응 또한 점차 어려운 문제로 이어지고 있다. 신속한 대응력의 한계를 극복하고, 다변화하는 환경에 효율적 대응과 서비스 품질을 향상하기 위해서는 기관의 정보 공유가 우선되어야 한다.

민간 영역의 서비스는 융복합 방식을 접목해 편리성과 효율성을 극대화하고 고객 관점에서 유관서비스를 한 번에 지원받을 수 있도록 하는 데 초점을 두고 있다. 이러한 한계를 극복하고자 공공 분야도 제공하고 있는 정보 및 서비스에 대한 접근과 이용이 자유롭게 이루어질 수 있도록 새로운 패러다임의 변화가 요구된다. 민간에서 보유하기 어려운 정보와 활용 가치가 높은 공공 정보에 대한 수요가 급증함에 따라, 다양한 채널로 개방하고 누구나 이용하여 가치창출을 최적화 할 수 있도록 해야 할 것이다.

공공 영역의 데이터는 물론, 일상 영역에서 생성되는 모든 데이터가 모일 때 그 축적의 힘은 진가를 발휘할 것이다. 데이터의 자산 가치가 높아짐에 따라 이를 활용하기 위한 기반을 마련하고 생태계를 확보해 나가는 것이 중요해졌다. 데이터를 어떻게 관리하는가가 미래사회의 경쟁력이기도 하다. 국가 차원의 혁신 관점에서도 데이터 활용도에 주목해야 할 것이다. 고객만족도의 효용성을 높이고 맞춤형 서비스를 확장하기 위한 데이터의 수요가 점차 증대되고 있다. 우리가 인프라와 하드웨어 측면에서 세계적인 IT 강국이라 평가받고 있는 만큼, 데이터 분야도 지속적인 개방과 활용을 토대로 서비스와 연계되어야 한다.

○ 지능정부와 정부혁신

　지능정부는 모든 데이터를 연결해 국민, 기업, 정부가 함께 사회문제를 해결하고 새로운 가치를 창출하는 정부를 지향한다. 정부가 독점적인 공급자로서 일방적으로 서비스를 제공하는 현재의 방식에서 벗어나, 민간과 협업하고 혁신의 동반자가 되는 국정운영의 새로운 모델을 만들기 위한 핵심 정책 추진 과제를 담고 있다. 지능정부는 데이터와 인공지능을 활용해 국정운영 시스템을 마련하고, 부처 간 협업을 확대하는 등 행정 효율화를 이전보다 더 높이고자 한다.

　민관협력은 정부의 새로운 방향성을 모색하기 위해 그 비중이 더 높아지고 있다. 민간이 참여함으로써 스스로의 경쟁력을 확보하고 시장의 활성화와 성장동력을 높일 수 있을 것이다. 정부혁신을 추진하는 과정에서 민간의 협조와 협력은 매우 중요하다. 반면 민간의 참여가 순기능의 역할만을 하지는 않는다는 점을 고려해야 한다. 다양한 민간 기업의 참여를 통한 협업체계 구축 과정에서 민간의 목소리가 특정 이해관계에 봉착하게 될 때 정부혁신의 근본 취지와 목적이 상실될 수 있다. 방향성을 잃게 되면 목표도 표류하게 된다. 민간의 뛰어난 기술력을 앞세워 정치적 로비나 예측 불허의 이해관계자의 개입 등 부적합자의 등장에 따른 역선택의 문제가 발행할 수 있다는 우려도 있다.

　따라서 정부혁신의 방향성을 잃지 않고 소기의 목적을 달성하기 위한 정부의 역할은 더욱 더 중요하다.

민간 기업의 참여는 정부혁신의 원동력이 되면서 동시에 딜레마를 야기할 수도 있다. 이러한 우려를 해소하기 위한 대안 중 하나로 '메타거버너(meta-governors)'로서 정부의 새로운 역할 정립이 요구된다. 메타거버너의 역할은 신뢰 형성, 갈등 해결, 합의 유도, 목표의식 유지 등이 주요 쟁점이다.

사회 전환의 패러다임 국면에서 바람직한 정부의 역할은 무엇인가? 공공의 가치체계 확립과 정비가 우선되어야 할 것이다. 제기되는 딜레마와 한계를 극복하기 위한 방안으로 인공지능 네트워크를 조율하고 정부의 목표를 추구할 수 있는 메타거버너의 역할이 필요하다. 정부는 메타거버너로서의 균형감각을 놓치지 말아야 할 것이다.

조직 내적으로는 지능정보 패러다임에 맞춰 기존의 위계적 조직문화를 혁신적이고 유연한 조직문화로 바꾸기 위한 시도가 이어지고 있다. 하지만 여전히 공공기관과 대형조직은 기존 관행이나 관습에서 벗어나기가 쉽지 않다. 업무분장, 책임의 명확화 등 계층제를 통해 위험요소를 줄이고자 만든 관료제 조직구조는 지능정보 패러다임에 오히려 위험부담을 줄 수 있다. 따라서 일하는 방식과 인사체계의 변화가 지속적으로 요구된다.

일하는 방식과 인사관리 체계, 리더십 등 모든 분야에서 유연성과 적응성을 강조하는 애자일(기민, 민첩) 구조의 전환이 관심을 끌고 있다. 조직에서 상관은 지시자가 아닌 조율자로 조직문화의 설계자로서 역할이 새롭게 제기된다. 구글, 아마존, 메타, 넷플릭스 등 급부상한 기업의 공통된 특성은 기존 관료조직에서 탈피해 빠른 변화, 유동적 자원, 실행력에 초점을 맞춘 전략과 동기를 유발하는 리더십, 의사결정자와 실행자가 동일한 팀 조직으로 운영되고 있다는 점을 들고 있다.

급변하는 지능정보 기술사회에서 공공 부문과 민간 부문은 어떻게 상생할 수 있을까? 규제를 기반으로 하는 공공 영역과 시장기능을 강조하는 민간 영역은 기능과 역할에 차이가 있을 것이다. 그럼에도 공공서비스가 과감한 변화와 미래 고객을 대비하지 않으면 공공성의 영역은 축소될 수밖에 없을 것이다. 데이터 기반의 인공지능은 때론 우리의 일자리를 빼앗아 갈 것이라는 불안감을 주지만, 한편에서는 잘만 활용하면 인간의 편향성을 피할 수 있게 해준다는 해석도 있다. 사람이 중심이 되는 지능정보화 사회에서 고객의 가치를 우선하는 공공서비스의 재편이 시급하다. 고도화된 기술도 결국은 사람을 위해 존재한다.

우리가 공존하는 현대 사회는 많은 기업이 생존하기 위해 새로운 조직문화 구축 방안을 고민하고 있다. 물론 정답을 찾기는 어렵다. 오랜 기간 축적된 조직 형태인 관료제를 하루아침에 무시하고 새로운 조직 운영 방식을 만드는 일이 능사는 아닐 수 있다. 기존의 관리 시대를 넘어 디지털 전환기에 새로운 대체 패러다임을 고민해야 한다. 무엇보다 미래 조직의 운영 패러다임으로 '새로운 일하는 방식'의 화두를 던지고 있다. 기존의 표면적 협업수준에서 적극적인 협업이 상시적으로 이루어지도록 끌어올려야 한다. 공공조직에서도 구성원들의 역할과 규칙, 관계의 재정립이 필요하며, 스스로 역할을 찾을 수 있도록 개방적 시각이 요구된다.

무엇보다 일하는 방식의 전환점에서 진정한 고객중심화가 우선되어야 할 것이다.

다양한 영역에 얽혀 있는 지능정보 사회로의 전환은 민간 기업의 노력만으로는 이룰 수 없으므로 국가 차원에서도 변화의 흐름을 파악하고 함께 상생할 필요가 있다.

○ 기술혁신과 공공서비스

전 세계적으로 디지털 전환에 대한 관심이 매우 높고, 여러 국가와 기관들은 디지털 전환 지표를 선정하며 디지털 전환의 정도를 측정하고 있다. 많은 영역이 디지털 기술 중심의 변화를 반영하고 시장의 확장성으로 이어가고 있다. 산업 간 융합이나 신산업 출현, 기존 산업의 구조적인 변화를 촉진하는 등 디지털 전환은 사회적으로 다양한 변화를 수반하고 있다.

디지털 전환을 이어가는 주요 기술 요소로 클라우드 전환이 강조되고 있다.

클라우드 서비스는 크게 IaaS, PaaS, SaaS 세 가지로 분류된다.

IaaS(Infrastructure as a Service)는 말 그대로 인프라스트럭쳐를 서비스로 제공하는 클라우드로 웹서버 등을 운영하기 위해 필요한 하드웨어 서버, 네트워크 등을 의미한다. 여러 가지 요소들을 가상 환경에서 제공해 주는 서비스로 아마존(AWS)이 우리에게 가장 익숙한 IaaS의 예라고 할 수 있다.

PaaS(Platform as a Service)는 플랫폼을 서비스로 제공하는 클라우드 형태로 서비스 개발, 배포, 관리를 가능하게 해주고 개발 툴이나 프로그래밍에 필요한 요소들을 제공해 앱을 개발할 수 있게 환경을 제공하는 서비스를 의미한다.

SaaS(Software as a Service)는 필요한 소프트웨어를 따로 설치하지 않고, 웹이나 앱에서 쓸 수 있는 서비스로 일명 서비스형 소프트웨어를 일컫는다. 고객이 이미 구축된 소프트웨어에 사용료를 지불하면서 이용하는 형태다.

즉, Iaas는 물리적 자원의 제공, Paas는 소프트웨어 개발을 돕는 플랫폼을 제공하고, SaaS는 실제 우리가 사용하는 소프트웨어를 제공하는 것으로 정리된다.

최근 국내 대기업뿐만 아니라 정부에서도 SaaS 육성을 주요 정책으로 내세우고 있을 정도로 시장의 규모가 커지고 있다.

현재 정부는 디지털 기술을 공공 영역에 도입해 혁신을 유도하는 지능형정부(AI 정부) 구현을 목표로 하며, 이를 위해 행정기관과 공공기관이 운영 중인 정보시스템의 클라우드 전환을 확대 하고 있다. 이러한 변화를 통해 다양한 행정 수요에 대해 신속하고 유연하게 정부서비스를 제공하기 위해 시도하고 있다.

공공기관의 디지털 전환은 어떤 점에서 정부혁신과 연계되는가?

첫째, 업무의 속도를 빠르게 하며 유기적 연계성을 높일 수 있다는 점에서 주목을 받고 있다. 우리 정부는 그간 전자정부, 디지털정부를 표방하며 행정 업무 데이터를 디지털화 하여 보관하는 등 데이터기반행정의 인프라 구축을 시도했다. 그럼에도 아직 남아있는 자료 제출 및 보관과정에서 일부 수작업 진행이 잔존하고 있어 일하는 방식 개선을 통한 업무 효율성의 향상을 지향하고 있다. 나아가 공공기관은 여러 조직의 공동 목적을 달성하기 위해서 업무의 유기적 연계가 필요할 때가 많다. 이때 클라우드 도입 등 업무 공유 과정에서 디지털 기술을 도입한다면 긴급한 상황에서도 신속하고 유연한 업무가 가능하다. 또한 공공데이터에 대한 시민의 접근성도 확장하면서 이를 가치 있게 활용해 혁신적인 서비스가 탄생할 수 있는 토대를 마련할 수 있다.

둘째, 공공 부문에서 생성되는 공공데이터를 클라우드에 저장하고, 객관적인 데이터 분석을 통해 행정 처리의 투명성을 높일 수 있다. 정보의 투명성은 공정성과 연계되는데, 공공기관의 디지털 전환은 이런 점에서 중요한 가치를 반영한다. 또한 디지털 인프라를 안전하게 구축하는 것도 디지털 기술의 핵심 요소 중 하나이다. 국가 차원에서 구축한 디지털 인프라를 바탕으로 투명하게 데이터를 제공하고, 활용함으로써 공공데이터의 경제적, 사회적 효용 가치를 높일 수 있다.

셋째, 디지털 전환을 통해 기존에 하던 수작업 방식에서 벗어나 업무 자동화를 통한 시간과 비용의 절감 효과를 높일 수 있을 것으로 기대된다. 클라우드는 기존의 대량 문서를 보관, 처리, 보안 유지하는데 사용되던 관리 비용 대비 문서 보관과 보안 유지를 위한 관리비용의 절감효과도 높일 수 있을 것으로 기대된다. 공공 영역에서는 단순히 비용절감만을 목표로 하지는 않는다는 공공의 가치를 반영해 업무효율성과 정책대상의 수요를 반영하는 접점을 모색할 수 있는 점도 강조된다.

디지털에서 소버린 AI로

최근 화두로 등장하고 있는 소버린 AI(Sovereign AI)는 국가 차원에서 데이터와 인공지능 기술에 대한 독자적이고 자율적인 통제력을 확보하고, 이를 통해 국가 주권과 이익을 보호하려는 개념이다. 데이터 주권(data sovereignty)의 연장선상에서 등장한 이 개념은 인공지능 시대에 국가가 다른 국가나 외부 기업의 기술과 데이터에 의존하지 않고, 독자적인 인공지능 기술력과 데이터 생태계를 구축해야 한다는 필요성을 강조한다.

소버린 AI 정부의 특징을 보면, 첫째, 국가적 차원의 데이터 통제와 관리를 의미한다. 우리 국민의 데이터가 외국 기업이나 정부에 종속되거나 유출되지 않도록 보호하고, 국내에서 생성되는 데이터를 독립적으로 관리하고 활용할 수 있는 제도와 인프라를 갖추는 것을 목표로 한다. 둘째, 기술적 자주성 확보가 중요한데, 소버린 AI는 AI 알고리즘, 모델 및 인프라 개발 능력을 국가가 자체적으로 보유해 외부 의존성을 최소화하고, 이를 통해 국가의 경제적·정치적·안보적 영향력을 지키는 것을 추구함을 강조한다. 셋째, 국가 안보와 주권 보호로 외국산 AI 기술이나 플랫폼에 대한 과도한 의존은 국가적 리스크를 초래할 수 있기 때문에, 소버린 AI는 데이터 보안 및 국가 안보 관점에서 AI 기술을 자체적으로 통제하는 역량을 강조하는 점도 특징이다. 나아가 글로벌 AI 경쟁력 확보도 쟁점이 되는 아젠다이다. 국가가 AI 시대의 기술 패권 경쟁에서 뒤처지지 않고 선도적인 위치를 차지하기 위해서는 AI 분야의 자주적이고 지속적인 연구개발과 혁신역량을 확보하는 것이 필수적이다.

소버린 AI는 지능정보 시대에 국가가 데이터와 기술의 독립적 통제와 활용 능력을 확보함으로써 국가적 이익과 주권을 보호하고, 글로벌 경쟁력을 유지하는 전략적 개념으로 정의되고 있다. 이러한 정의도 중요하지만 실천을 통해 실질적인 국가 성장으로도 연계되어야 한다. 이를 실현하기 위해서는 국가적 차원의 AI 인프라 구축, 데이터 보호와 활용 규제 정비, 자국 기술개발 촉진, AI 윤리적 기준 수립 등 체계적이고 포괄적인 노력이 병행되어야 한다.

○ 공공서비스의 변화와 방향

지능정보 기술을 기반으로 하는 공공서비스의 적용 사례는 해외 여러 나라에서 다양한 형태로 나타나고 있다. 미국의 교통부에서 주도했던 디지털 도로교통 플랫폼의 경우 주(state)정부 자체적으로 운영되어 정보가 별도로 관리됨에 따라 거리가 먼 지역의 계약자나 지방자치단체와 함께 수십 개의 프로젝트를 유기적으로 수행하기가 어려웠다. 연방고속도로관리국(Federal Highway Administration)의 에브리데이 카운트(Every Day Counts)와 같은 국가 차원의 프로그램을 적용해 주 교통부의 디지털 혁신을 촉진했다. 에브리데이 카운트는 각 주와 지역 차원에서 적합한 운송 과정을 도입할 수 있는 디지털 도로 교통 플랫폼을 구축했고, 클라우드 도입을 통해 모든 주가 교통 관련 데이터를 통합하고 공유하며 교통 상황을 개선하고 효율적으로 도로를 관리할 수 있게 되었다.

일본의 경우를 보면 제조업 기업이 공장자동화를 넘어서 공급망 전체를 아우르는 관련 기업을 플랫폼에 끌어들여 산업용 디지털 플랫폼에 주력하고 있는 것을 주목할 필요가 있다. 일본의 건설업체 역시 건물 관리뿐만 아니라 건설 현장을 원격관리하는데 디지털 플랫폼을 활용하며, 물류업체도 육상물류와 해상물류 업계를 중심으로 각종 자동화 기술과 디지털 기술을 조합한 디지털 플랫폼 구축에 적극적이다.

우리나라 산림청의 경우 산림 관리의 디지털화를 넘어 인공지능을 활용해 적극적으로 확장하고 있다. 단순히 업무 프로세스에 디지털 기술을 활용하는 업무 내적인 범주를 넘어 산림을 관리하고 예측해 새로운 산림행정의 변화모델을 구축하는 등 디지털 생태계 확장성을 주도했다.

산림청은 산림 관리에 디지털 전환을 도입하기 위해 빅데이터, AI, 로봇 프로세스 자동화, 디지털 트윈, 클라우드 등을 활용해 다각도로 접목을 시도했다. 드론을 활용해 깊은 숲속의 데이터를 효율적으로 수집하고 활용해 산사태 예방 방안을 마련하고, 사람들이 숲의 중요성을 깨닫고 환경을 지키는데 동참할 수 있도록 메타버스 플랫폼 등을 선보이며 기술과 산림을 접목한 사례를 보여주고 있다. 이를 통해 효율적이고 효과적인 산림 보호 활동을 기대할 수 있게 되었다.

이외에도 지방공기업인 광진구 시설관리공단의 '티맵 애플리케이션을 통한 스마트 주차서비스 제공', 부산교통공사의 '전사적 디지털 전환(DX) 시스템 체계 추진', 달성군 시설관리공단의 '실시간 관제 및 신속 대응 가능한 '디지털 혁신지향 공공 안전 인프라' 구축 및 서울시 중구 시설관리공단의 'IoT 기술을 적용한 인공지능 솔루션 기반 스마트 피난 유도 시스템 구축' 등의 다양한 주요 사례를 볼 수 있다. 대체로 과학적이고 안전한 관리체계 구축, 공공서비스의 확대와 안전 강화를 위해 지능정보 기술을 적극적으로 접목하고 활용한다.

지능정보 기술을 통한 공공서비스의 적용은 매우 다양하게 추진되고 있고, 그 영향도 다각적인 차원에서 나타날 것으로 기대된다. 가치창출을 도모하기 위해 대국민 서비스를 지향하는 혁신적 접근이 필요하다.

생태계의 확장

'생태계'란 용어의 사전적 정의를 보면 기본적으로 살아있는 유기체 간의 상호작용이 이뤄지는 체계로 설명된다. 모든 자연환경에 있어 모든 생물이 그물처럼 연계되어 있다는 점이다. 인간계의 생태학적 개념이란 인간과 자연이 함께 공존하는 것이라고 볼 수 있으며 작은 미생물에서부터 거대한 동물들에 이르기까지 모든 작용이 서로 밀접한 관계를 형성하고 있다.

이 생태계는 각자의 고유 기능들이 상호 유기적 관계를 가지면서 다양한 모습으로 형성되기도 한다. '생태계'는 생물학적인 의미에서부터 폭넓은 의미로 다양한 분야에서 사용되는 용어이기도 하다.

사회·경제학 분야에서는 특정 분야나 지역에서 서로 연결된 시스템이나 구성요소들의 전체를 나타내며, 비즈니스 생태계는 특정 산업이나 시장에서 다양한 기업, 기관, 개인 등이 서로 연결되어 상호작용하는 전체 시스템을 의미하기도 한다.

기술 분야에서는 최근 디지털 생태계를 주목하고 있다. 정보 기술 및 디지털 기술이 다양한 주체와 시스템 간에 상호작용하는 환경으로 소프트웨어, 하드웨어, 네트워크, 데이터 등이 통합되어 디지털 기술의 생태계를 형성하는 점을 주목한다.

대체로 '생태계'는 주어진 환경이나 분야에서 상호작용하는 다양한 요소들이 조화롭게 결합되어 전체 시스템을 이루는 개념을 의미한다. 자연 생태계뿐만 아니라 비유적으로도 다양한 분야에서 활용되어 매우 다차원의 의미를 내포하고 있다.

미국 캘리포니아주 샌프란시스코의 실리콘밸리는 지능정보 기술이 성장하는 혁신의 생태계로 높이 평가받고 있다. 현재의 위상을 인정받기까지 매우 다양한 실험과 도전, 실패와 성장이 무수히 반복되면서 IT 기술을 선도하는 장의 역할을 하고 있다.

최근 샌프란시스코에서는 무인 자율주행 택시가 운행 중이다. 우버보다 약간 비싼 가격임에도 고객들의 이용이 꾸준히 증가한다고 한다. 기사가 없는 자율주행 자동차이지만 표준화된 운전 방식과 안정된 속도 등을 입력해 사고율을 최소화한다. 택시 안에서 통화를 하거나 화상 회의 등을 할 때 개인 프라이버시가 존중될 수 있다는 점에서 무인 자율주행 택시를 이용하면 좀 더 편리하다는 의견도 있다. 기술은 가능하지만 실행을 하기까지는 까다로운 정부규제를 넘어야 하는데, 샌프란시스코시 정부는 기술성장과 행정규제의 눈높이를 맞추기 위한 전향적인 시도를 이어가고 있다. 생태계가 만들어지고 활성화되기 위해서는 이러한 삼박자 요소가 함께 가야 할 것이다.

○ 디지털 생태계의 특징

최근 우리 일상의 변화를 주도하는 '디지털 생태계'는 디지털 기술과 관련된 다양한 주체 및 시스템이 상호작용하는 환경으로 정보 기술과 디지털 기술이 사회, 비즈니스, 문화, 교육 등 다양한 영역에서 빠르게 발전하고 상호작용하면서 형성되는 복잡한 생태계의 모습을 보여주고 있다. 디지털 생태계는 기업, 개인, 정부, 비영리 기관, 기술 제공 업체 등 다양한 주체들 간에 형성되어 있어 이해관계 설정도 다원화되는 양상이다.

먼저 디지털 생태계의 주요 구성 요소를 보면, 플랫폼과 어플리케이션(앱)을 들 수 있다. 디지털 플랫폼과 어플리케이션이 다양한 디바이스에서 상호작용하면서 사용자에게 서비스 기능을 제공하며, 이를 위한 빅데이터 분석으로, 대량의 데이터를 수집하고 분석해 인사이트를 도출하고 새로운 혁신의 장이 이루어지기도 한다.

기계 학습, 인공지능 기술도 다양한 분야에서 적용되어 지능형 서비스와 솔루션을 제공하며, 사물인터넷(IoT)은 여러 형태의 디바이스와 센서의 연결을 통해 데이터를 주고받고, 현실 세계와 디지털 세계를 융합시키는 기술로 빠른 발전이 이어지고 있다.

이러한 과정에서 놓칠 수 없는 부분이 정보보안과 개인정보 보호인데, 높은 수준의 디지털 활동에 따른 보안과 개인정보 보호의 중요성도 증대되고 있다.

새로운 트랜드로서 일찍이 주목을 받고 있는 클라우드 컴퓨팅은 데이터와 서비스를 인터넷을 통해 제공함으로써 유연성과 효율성을 증가시키는 클라우드 기술이 중요한 역할을 담당하고 있다. 이처럼 디지털 기술이 사회에 미치는 영향과 이를 적절히 활용하기 위해 우리는 한층 더 견고한 인공지능 윤리 문제를 주요한 쟁점으로 접근하고 있다.

디지털 생태계는 지속적으로 진화하고 변화하며, 이에 대응하기 위해서는 협력과 혁신이 필요하다. 무엇보다 디지털 생태계의 변화는 비즈니스 모델, 일자리 창출, 교육, 보안, 개인의 삶 등 다양한 측면에 영향을 미치고 있으며, 그 가속도도 빠르게 진전되고 있다.

○ 디지털 생태계가 우리에게 주는 의미는

디지털 생태계는 디지털 기술과 관련된 다양한 주체 및 시스템이 상호작용하는 환경을 나타냄에 따라 기업, 정부, 비영리 기관, 개인, 스타트업 등 다양한 주체들이 디지털 생태계에 참여하는 모습을 보여준다. 이들은 서로 협력하거나 경쟁하며 다양한 디지털 서비스 및 솔루션을 제공하는 양상으로 이어지고 있다. 이 과정에서 빅데이터 기술과 데이터 과학을 통해 실시간으로 데이터를 수집하고 분석해 의사결정에 활용하는 데이터 중심성이 높아지며 인공지능과 머신러닝 기술이 다양한 분야에 적용되는 현상을 볼 수 있다. 인공지능과 머신러닝은 자동화, 예측 분석, 패턴 인식 등의 기능 개선과 연계되어 혁신으로 자연스럽게 이어진다.

디지털 서비스는 다양한 관점에서 창조적 아이템으로 종종 연결되고 혁신의 아이콘으로 등장하기도 한다. 디지털 서비스의 확장성을 위해서는 디지털 플랫폼과 어플리케이션의 개발도 놓칠 수 없는 부분이기도 하다. 사용자들은 다양한 디바이스에서 서로 연결되어 있는 환경을 경험하게 되고, 이를 통한 접근의 편의성을 요구한다.

디지털 생태계의 원활한 작동을 위한 트랜드 중 하나가 클라우드 컴퓨팅이다. 클라우드 기술은 디지털 생태계에서 중요한 역할을 하는데, 이를 통해 데이터 저장, 처리, 서비스 제공이 유연하게 이루어지며 기업 및 기관은 더 효율적으로 자원을 활용할 수 있음에 주목한다. 디지털 생태계에서는 다양한 기기와 센서의 연결 및 데이터 교환이 요구되는데 이를 위한 기반은 사물인터넷이 그 역할을 수행한다. 이를 통해 스마트시티, 스마트홈, 산업 자동화 등도 가능하다는 점은 널리 알려진 사안이다.

무엇보다 고객은 쉽게 이해하고 빠르고 편리하게 사용 가능한 것을 요구함에 따라 디지털 생태계에서는 사용자 경험을 중심으로 개인화된 서비스, 맞춤형 서비스가 우선적으로 반영되도록 진척시키는 경향을 볼 수 있다. 사용의 편의성 제고와 함께 높은 수준의 디지털 활동에 따른 보안과 개인정보 보호의 중요성도 부각되고 있다. 따라서 디지털 생태계는 안전한 환경을 유지하기 위한 보안 기술과 관련 정책에도 주력하게 된다.

이러한 특징들은 디지털 생태계를 활성화하는 기반으로 매우 다양한 분야에서 혁신과 변화를 유도하며, 우리 사회 전반에 걸쳐 영향을 미치게 된다. 디지털 생태계가 사회의 변화를 새롭게 하는 패러다임 전환으로 이어진다.

○ 우리가 먼저인 기술 발전을 위해

디지털 전환 패러다임에서는 급격한 변화가 예측됨에 따라 새로운 교육체계가 시급하다. 특히 인공지능, 빅데이터, IoT 등을 기반으로 하는 기술혁신은 저출산 고령화에 따른 인구구조의 대변화와 직면하고 있다. 예측 불허한 미래를 대비하기 위해 사회 인프라의 대전환을 준비해야 한다. 급격한 인구감소에 따라 빠른 속도로 대학시장의 구조가 상당히 바뀔 것이다. 특히 지능정보의 발전은 대학 진학률을 낮추는데도 영향을 미칠 것으로 예측된다. 온라인(on-line) 강의를 주축으로 하는 새로운 교육 시장의 모습은 이미 빠른 속도로 전개되고 있다. 개인이 수행한 다양한 학습 결과는 빅데이터화되어 맞춤형 학습(Personalized Learning)을 지향한다. 이미 모든 교육 분야에서는 기존의 개인학습과 교실 수업에서 벗어나 언제 어디서나 상시학습이 이루어지는 체제가 도입되고 있다. 예전에는 교육을 위해 이사를 주저하지 않았지만, 지역에 한정되기보다는 공간을 넘어서는 형태의 교육 방식을 통해 지역 유출을 최소화하는데 접목시켜 볼 수 있다.

이처럼 지능정보 사회로의 전환은 우리 일상생활의 변화뿐만 아니라 사회 변화를 함께 유도하고 있다. 좀 더 관심을 갖고 사람이 주도하는 인공지능 기술의 활용이라는 차원에서 적극적 모색이 필요하다.

○ 마무리

21세기를 살아가는 우리는 '기술의 시대'를 넘어, 이제 '지능의 시대'에 접어들었다. 인공지능은 더 이상 미래의 환상이 아니라 오늘의 현실이며, 동시에 내일의 방향을 결정짓는 핵심축으로 작용하고 있다. AI가 만들어내는 변화는 단순한 디지털 기술의 진보가 아니라, 인간의 삶 전반에 대한 근본적 재구성이다. 우리는 과연 어떤 사회를 맞이하게 될까? 인공지능은 우리의 일상, 노동, 교육, 의료, 행정, 그리고 사회적 가치에 어떤 영향을 미치게 될까? 이 장에서는 인공지능으로 인해 변화될 우리의 미래 모습도 다각도로 살펴보아야 할 것이다.

초개인화된 일상의 재편   DIGITAL

미래의 삶은 좀 더 '개인화'되고, '자동화'되는 방향으로 나아간다. 예를 들어, 아침에 눈을 뜨는 순간부터 인공지능은 우리의 스케줄을 점검하고, 기상 상태에 따라 옷차림과 식단을 추천하며, 건강 상태를 모니터링한다. 단순한 스마트폰 알림을 넘어서, 생활 전반에 걸쳐 인공지능 비서가 개인의 선호도와 감정 상태까지 고려한 의사결정을 도와주는 시대가 열린다. 집안의 냉장고는 음식의 유통기한을 인식하고, 자동으로 필요한 식재료를 주문하며, 보일러는 외부 기온과 실내 습도를 계산해 쾌적한 환경을 유지한다.

이러한 변화는 단지 편리함을 제공하는 것을 넘어, 사람의 시간과 에너지를 더욱 가치 있는 활동에 집중하도록 유도한다. 기술은 배경으로 물러나고, 사람 중심의 삶이 전면에 나서는 패러다임 전환이 이루어지는 것이다.

노동의 전환과 인간의 역할 변화

인공지능이 가장 먼저 영향을 미치는 영역 중 하나는 '노동'이다. 단순하고 반복적인 업무는 이미 자동화되고 있으며, 가까운 미래에는 일부 전문직 영역까지 AI가 대체할 가능성이 제기되고 있다. 예를 들어, 일정 수준의 법률 상담, 영상 판독을 통한 진단, 기사 작성 등의 영역에서 인공지능이 인간의 역할을 보완하거나 대체할 것으로 전망된다. 그러나 이 같은 변화는 일자리의 '소멸'이 아니라, '재구성'을 의미한다. 인간은 창의적 사고, 복합적 판단, 감정적 교감이 요구되는 영역에 더 집중하게 될 것이며, 인공지능과의 협업을 통해 업무의 깊이를 더하게 된다. 동시에 새로운 직업군도 탄생한다. 데이터 큐레이터, 인공지능 윤리감독관, 알고리즘 트레이너, 가상현실 플래너 등 지금은 생소한 분야가 미래의 핵심 직종이 될 것이다.

교육의 진화와 평생학습 사회

인공지능 시대의 교육은 '정답을 찾는 교육'에서 '질문을 만드는 교육'으로 변화하고 있다. 모든 정보를 기계가 빠르게 제공할 수 있는 시대에는 정보를 단순히 암기하는 것이 아니라 정보를 선별하고, 비판하며, 새로운 질문을 던지는 능력이 중요해진다. 인공지능은 학습자의 학습 수준, 집중도, 흥미 등을 분석해 맞춤형 학습을 제공하고, 교사는 이를 기반으로 학습자의 전인적 성장을 도울 수 있는 멘토로서의 역할이 강조된다.

또한, 기술과 직업의 변화 속도가 빨라지면서 '평생교육'은 선택이 아닌 필수가 되었다. 세대와 직종을 막론하고 끊임없이 배우고 익히는 문화가 정착될 것이다. 이는 교육기관뿐만 아니라 기업, 지역사회, 온라인 플랫폼이 함께 교육 생태계를 형성해 가는 방향으로 이어질 것이다.

의료·복지의 재편과 생명 중심의 기술　　DIGITAL

인공지능은 우리의 건강과 복지 영역에서도 혁신을 주도하고 있다. 웨어러블 기기를 통해 수집된 생체 정보는 인공지능에 의해 실시간 분석되어, 질병의 위험을 조기에 예측하고 생활 습관을 교정할 수 있도록 도와준다. 특히 고령화가 심화되는 한국 사회에서 AI는 독거노인의 건강 모니터링, 응급상황 자동 호출, 정신건강 케어 등에서 큰 역할을 수행하게 될 것이다.

의료서비스의 지역 불균형 문제 역시 AI와 원격진료 시스템의 발달로 상당 부분 해소될 수 있다. 예를 들어, 낙후된 지역에서도 AI 기반의 진단 서비스를 제공받고, 필요 시에는 환자의 생체정보가 대도시의 병원으로 실시간 전송되어 적절한 치료를 받을 수 있는 구조가 마련될 것이다. 이러한 변화는 의료의 '접근성'과 '형평성'을 동시에 향상시키는 긍정적 효과를 가져 온다.

행정과 공공서비스의 진화　　DIGITAL

공공서비스 영역에서도 인공지능의 도입은 획기적인 변화를 예고하고 있다. 기존의 '처리 중심 행정'은 사라지고, 예측 중심의 '선제적 행정',

'맞춤형 행정'으로 전환되고 있다. 민원인이 문제를 제기하기 전, 데이터를 기반으로 해당 문제를 미리 인지하고 필요한 조치를 취하는 것이 가능한 시대가 도래한 것이다.

또한 시민의 참여 방식도 달라진다. 인공지능을 활용한 정책 시뮬레이션, 데이터 기반 시민 제안, 디지털 공론장 플랫폼을 통해 시민은 더 이상 수동적인 '수혜자'가 아니라 능동적인 '정책 설계자'로 진화하게 된다. 이는 민주주의의 새로운 형태를 보여주는 중요한 흐름이다.

새로운 사회적 가치의 정립

인공지능은 기술적 진보를 넘어, 우리가 추구해야 할 사회적 가치와 원칙에 대한 질문을 던진다. 데이터의 사유화, 알고리즘의 편향성, 프라이버시 침해와 같은 문제는 AI 사회에서 더욱 민감한 사안으로 떠오르고 있다. 우리는 기술의 유용성만이 아니라, 그것이 누구를 위해 어떻게 작동해야 하는지를 고민해야 한다.

'공정성', '책임성', '투명성'은 인공지능 시대의 새로운 사회적 규범이 되어야 하며, 이에 대한 제도적·윤리적 논의가 활발히 이루어져야 한다. 기술은 목적이 아니다. 인공지능은 인간의 존엄성과 공동체의 지속가능성을 지키기 위한 수단이어야 한다는 인식이 무엇보다 중요하다.

인공지능이 주도하는 미래는 피할 수 없는 현실이자, 우리가 함께 만들어 가야 할 길이다. 그 길 위에서 가장 중요한 것은 기술이 아닌 사람이다. 기술은 편리함을 제공하지만, 그 기술이 추구하는 방향과 결과는 결국 사람에 의해 결정된다. 우리는 인공지능과 함께 더 나은 삶, 더 따뜻한 사회, 더 인간적인 미래를 그려가야 할 것이다.

참고 문헌

강제상 외(2023). 『성공하는 정부를 위한 제언』. 윤성사.
김난도 외(2023). 『트렌드 코리아 2024』. 미래의창.
김동욱(2021). AI 도입사례 분석: 행정기관과 공공기관을 중심으로. 『AI와 미래행정』. 박영사.
김상균(2024). 『AI × 인간지능의 시대』. 베가북스.
김영미(2018). 국민의 마음 담은 따뜻한 전자정부 돼야. 「공공정책」, vol. 158.
문명재·배일권·김영미 외(2025). 『AI로 정부를 대전환하라』. 문우사.
박순애·김영미 외(2019). 『대한민국 공무원 그들은 누구인가』. 문우사.
한국정보통신보안윤리학회(2021). 『지능정보사회와 AI윤리』. 배움터.
한세억(2020). 『모든 사람을 위한 인공지능』. 박영사.

Gladwell, Malcolm (2008). *Outliers: The Story of Success*. Litle, Brown and Company.
Lessig, Lawrence (1999). *Code and Outher Laws of Cyberspace*. Basic Books.
Schwab, K. (2016). The Fourth Industrial Revolution. World Economic Forum.
Rifkin, Jeremy. (2014). *The Zero Marginal Cost Society*. Palgrave Macmillan.

과학기술정보통신부(2019). 인공지능 국가전략. 대한민국 정부(https://www.msit.go.kr).
교육부(2022). LINC 3.0 사업 기본계획. 교육부 정책자료집.
김영미(2023). 디지털 전환시대의 공공서비스의 변화. 한국지역정보개발원 「지역정보화」, vol. 139.
여할 것이라고 전망하고 있다."
이헌중(2023.4.) 디지털 공공서비스를 중심으로 본 공공부문 디지털 전환 동향. 「정보와 통신」, vol. 40, No 5.
인사혁신처(2023). 개방형 직위 운영 실태 및 개선 방안 보고서. 대한민국 인사혁신처.

디지털 전환과 공공서비스
Digital Transformation and Public Services

정민·류승희(2019.1.). 2019년 다보스 포럼의 주요 내용과 시사점 - 세계화 4.0: 4차 산업혁명 시대의 글로벌 구조 형성. 현대경제주평, vol. 825, 현대경제연구원.

정부혁신지방정부협의회(2022). 지방정부의 디지털 혁신 역량 제고 방안 연구.

한국행정연구원(2022). 공무원 디지털 역량 진단 및 향상 방안. 「정책연구 보고서」.

한세억(2021). 인공지능 전환시대의 정부모습과 지향: 인공지능 정부, 「한국지역정보화학회지」 제24권 제4호(2021. 12): 137~158.

행정안전부(2023). 디지털정부 혁신 추진계획. 대한민국 행정안전부(https://www.mois.go.kr).

혁신 24(20158.10.). 디지털 공공서비스 혁신 가이드북 "공공서비스, 디지털기술로 날다"(https://www.innovation.go.kr/ucms/bbs/B0000003/view.do?nttId=722&menuNo=300080&pageIndex=).

IBK기업은행 경제연구소(2018.5.11.). 아베의 성장로드맵 소사이어티 5.0과 시사점(http://research.ibk.co.kr/research/board/industry/details/251217?url=L2JvYXJkL2luZHVzdHJ5L2xpc3Q=).

KT경제경영연구소(2019.4.). 5G 가이드북: 세상 모든 새로움의 시작, 5G 당신의 산업을 바꿉니다.

National Audit Office (2023). Digital transformation in government: Addressing the barriers(https://www.nao.org.uk/reports/digital-transformation-in-government-addressing-the-barriers/).

NIA(2019.6.28.). "신뢰 가능 AI 구현을 위한 정책 방향," p2. "프라이스워터하우스쿠퍼스(PricewaterhouseCoopers: PwC)는 30년까지 AI가 세계 경제에 15.7조 달러를 기

NIA(2022). 공공부문 인공지능(AI) 활용 가이드라인. NIA 「정책연구보고서」.

OECD (2021). The OECD Framework for Classifying AI Systems. *OECD Digital Economy Papers*. No. 315(https://doi.org/10.1787/60e6827f-en).

Singapore Smart Nation and Digital Government Office (2023). AI in the Public Sector: Strategies and Training(https://www.smartnation.gov.sg).

Smart Nation and Digital Government Office (2019). Singapore's National Artificial Intelligence Strategy.

U.S. General Services Administration(GSA) (2023). AI Community of Practice(AI CoP, https://coe.gsa.gov/communities/ai/).

Yoo, T., & Lee, H. (2021). Public sector innovation through AI: Challenges and opportunities. *Government Information Quarterly*, 38(2): 101-116(https://doi.org/10.1016/j.giq.2020.101561).

동아일보(2017.7.17.). Korea as an attractive investment destination(https://www.donga.com/en/Home/article/all/20170805/1017920/1).

이코노미조선(2017.12.4.). "수렵·농경·공업·정보사회 이어 '소사이어티 5.0' 온다 … (https://economychosun.com/site/data/html_dir/2017/12/04/2017120400033.html).

조선일보(2017.3.3.). [비즈 인터뷰] 가트너 부사장 "예외는 없다…모든 기업은 디지털 생태계 진입 전략 세워야"(https://biz.chosun.com/site/data/html_dir/2017/03/03/2017030301252.html).

조선일보(2017.9.22.). 아마존, AI 비서 알렉사 탑재 '스마트글라스' 개발 나서(https://www.chosun.com/site/data/html_dir/2017/09/22/2017092200716.html).

헤럴드경제(2014.9.17.). "사상 최대 상장 신화, 중국 최고의 부호 마윈의 성공철학은."

TED 홈페이지(https://www.ted.com/speakers/cedrik_neike).

GovTech Singapore (2021). Empowering Public Officers with AI Skills.

AI Training Act, H.R. 3593, 117th Cong (2022). https://www.congress.gov/bill/117th-congress/house-bill/3593

찾아보기

ㄱ

개인화	141
공공데이터법	123
공공마이데이터 서비스	100
공공서비스의 진화	34
공유경제	26, 30
국제전자제품박람회(CES)	66
기기 간 네트워킹	51

ㄷ

데이터	107
데이터 3법	81, 99
데이터 거버넌스	63
데이터 보호 규칙(GDPR)	100
데이터 분권	101
데이터 전쟁	109
데이터 주권	108
데이터기반행정 활성화에 관한 법률	93
데이터맵 디렉토리	96
데이터의 연결	79
디지털 격차	91
디지털 생태계	136, 137, 138
디지털 역량	91
디지털 전환	81
디지털 트랜스포메이션	39, 121
디지털 트윈	45
디지털 플랫폼 전환	59
디지털 플랫폼의 의미	58
디지털 행정	116
디지털플랫폼정부 실현계획	98
디지털플랫폼정부위원회	97
딥시크	109

ㄹ

라부친(Steve Rabuchin)	26
로렌스 레식(Lawrence Lessig)	30

ㅁ

마빈 민스키(Marvin Minsky)	65
마윈(Jack Ma Yun)	14
마이데이터	79, 85, 99, 100
만물인터넷(IoE)	56
말콤 글래드웰(Malcolm Gladwell)	15, 24
맞춤형 서비스	43, 114
무인 자율주행 택시	136
미래 공공서비스	121
미래의 삶	141
민관협력	125

ㅂ

뷰카(VUCA) 80

ㅅ

사물인터넷(IoT) 54
사물통신(M2M) 55
사회적 가치 144
생태계 134, 135
생활밀착 서비스 75
생활밀착형 서비스 123
세계경제포럼 16
소버린 AI 131, 132
소프트뱅크 14
손정의 14
순수 강화 학습(RL) 110
스누버 18
스마트워치 17

ㅇ

아마존 26, 29, 112
아이즈와카마츠시 118
알리바바 14
애자일 126
에브리데이 카운트 133
에어비앤비 26, 27

완전 자율주행 기술 18
우버 27, 28, 29
위챗 40
위험관리 117
의료서비스 143
인공지능 64
인구소멸 89
인터넷플러스 41
인프라 56

ㅈ

자동통역기 78
자동화 141
자율주행차 42
재난안전관리 73
전자정부 10대 유망 기술 50
정부24 32, 33
제프 베조스(Jeff Bezos) 29
제한된 합리성 70
존 매카시(John McCarthy) 65
지능정부 125
지능정부 64
지능형 공장 38
지멘스(SIEMENS) 44
지역경쟁력 강화 103
지역균형 발전 103
지역문제해결플랫폼 89

디지털 전환과 공공서비스
Digital Transformation and Public Services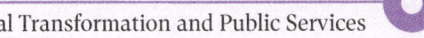

짐 로저스(Jim Rogers)	20

ㅊ

챗봇	71
초연결 사회	52, 53

ㅋ

클라우드 서비스	128
킨들(Kindle)	30

ㅌ

텐센트	40
텔레닥(teledoc)	90
트레비스 캘러닉(Travis C. Kalanick)	28
팀 오라일리(Tim O'Reilly)	61

ㅍ

플랫폼	58, 105
플랫폼정부	61
플립드러닝(flipped learning)	31

ㅎ

허버트 사이먼(Herbert A. Simon)	69

AI 역량	114, 120
AI 정부	119
BMW	44
ChatGPT	68
IaaS	128
Industry 4.0	37
LINC+사업	21
LTE	52
Myinfo	100
NVIDIA	110
Open Data	119
OpenAI	69
PaaS	129
PBL(Project-based Learning)	31
QR 코드	40
SaaS	129
Society 5.0	38

4차 산업혁명의 특징	17
5세대 이동통신	52, 53

저자 소개
김영미

상명대학교 행정학부 교수
한국외국어대학교 행정학 박사로 정보정책을 전공했다.
상명대학교 인문사회과학대학 학장, 한국정책학회장을 역임했다.
주요 대외 활동으로 정부업무평가위원회 위원, 공공데이터전략위원회 위원 및 실무위원장, 디지털플랫폼정부위원회 일하는 방식 혁신 분과장을 맡아 수행했다.
녹조근조훈장(전자정부 부문), 대통령 표창(정부혁신 부문), 교육부총리 표창(산학협력 부문)을 수상했다.

디지털 전환과 공공서비스
Digital Transformation and Public Services